# ガーナは今日も平和です。

山口 未夏

カナリアコミュニケーションズ

■目次

●第5部　働き者の日本人が、のんびり屋のガーナ人から学べること……137

編集協力　Meeting Minutes　廣田祥吾

# はじめに

私は23歳のときにＪＩＣＡの民間連携ボランティア制度で2年間、ガーナに滞在し、ボランティアとして活動した。本書はその内容を具体的なエピソードと共にまとめたものだ。向こうでの生活などについては本文でお伝えするとして、私の参加したプログラムがどのようなものか、どうして参加したのか、などを最初にお伝えしておこうと思う。

「どうしてアフリカに興味を持つようになったのですか？」

そう聞かれることがよくある。

私には大学の頃から、アフリカへ行きたい想いがあった。強く惹かれるきっかけになったのは、『ホテル・ルワンダ』という映画を見た瞬間だった。

映画自体は１９９４年に起きたルワンダ虐殺の最中、自分のホテルに１２００名の難民を匿ったホテルマンの実話をもとにした話だ。その中には一生懸命生きるルワンダの人たちと、影で政治を翻弄する先進国や無関心な私たち〝蚊帳の外の人たち〟の姿、ずっと一緒に生きてきた隣人からゴミのように殺される人々の姿が映し出されている。

とても衝撃的だった。とても自分が生まれたあとに起こった実話だとは思えないほどに。

でももっと衝撃的だったのはそのあとの話で、現在のルワンダは悲しい過去を乗り越え、美しく平和な国を取り戻し、ＩＴ先進国を目指している、ということだった。

この大地に生きる人達はなんとたくましく、可能性に満ち溢れた人々なんだろうと思った。

それ以来、いつか自分もアフリカで、できればビジネスを通してこの人々と関わって生きていきたいと思うようになった。

でも、お金の問題や治安の問題もあって、大学時代ではなかなか行動に移せなかった。

いったん就職してお金を貯め、そのお金で行くという選択肢もあった。

でも、限られた資金で、戻る場所もなく、初めてのアフリカ——未知の大陸へ行くことは、不安のほうが大きかった。

そんなときに知ったのがＪＩＣＡの民間連携ボランティア制度だった。


ＪＩＣＡは日本の政府開発援助（ＯＤＡ）を行う実施機関として、開発途上国への国際協力を行っている機関だ。民間連携ボランティアは、ＪＩＣＡが行っているボランティア活動（例えば、青年海外協力隊などもその一つ）のなかでも、企業と連携してグローバル人材の育成に貢献するプログラムだ。

派遣された隊員は、主に現地での「コミュニティ開発」や「マーケティング」などを中心に活動を行う。

コミュニティ開発では、地域住民の自立を念頭にした生活改善や収入向上などを通じて地域の活性化を図ることを、マーケティングでは、観光振興を目的に、民芸品の品質の向上や販売促進を図る。

すごく簡単に言ってしまうと、どこかの企業の会社員として、途上国のボランティア活動に参加できる制度。

日本国籍を持った20歳~69歳までの人で、英検3級程度の基礎的な英語力があり、健康で、ボランティアをしたい気持ちが強い人なら参加できる、入口のハードルが低い、良い制度だと思う。

私は会宝産業株式会社という、自動車リサイクル業の会社に就職した。会宝産業にはケニア、ナイジェリア、ガーナに支店があったのも、選んだ決め手の一つだ。JICAの民間連携ボランティア制度を知ったのは、会宝産業に入社してからだ。会宝産業はこの制度を導入したばかりだった。

面接を受ける際に、アフリカの支社に行きたいんです、と言った私に、会社側は「ぜひ、行かせてやろう」と背中を押してくれた。社員のやりたい！ をいつも応援してくれる会社だ。

会社側もアフリカに行きたいという人が、しかも遠方からわざわざうちに入社するために来てくれた、とのことで喜んでくれたように見えた。何より、アフリカへの切符を掴めたことはとても嬉しかった。まぁ、そのためだけに入ったんじゃないけど（念のため）。

入社して最初の1年間は、会社の社員として現場で働いた。すぐにでも行きたかったし、会社もそのつもりだったけど、1年間の実勤務が制度上の条件の一つだったのだ。

条件をクリアした23歳のときに、会社が選んでくれた治安と国民性が比較的良いガーナへと旅立つことになった。そして帰国後の今も、会宝産業で働いている。

ちなみに、タイトルにもなっている「ガーナは今日も平和です。」は、会社へ提出する日報の文末に必ず使っていた言葉だ。毎日毎日、色んな問題がおきていたが、日本では問題にならないことがここでは問題になるのだ。そんな毎日がとても平和に思えて使っていたのだ。


個人的には、世界へ出るきっかけは何でもいいと思う。

私のように映画を観て漠然とアフリカへ行ってみたいと思っていたのでも、ボランティアへの高い志があるのでも、それこそ会社側から「行ってみないか？」と声をかけられたのでも。

大切なのは、その活動を通じて自分が何を学び、どのような成長ができるか。グローバル人材として成長し、それを会社や日本の社会、世界にどう還元できるか。

もしもこれを読んでいる人が、海外ボランティアに少しでも興味を持てたのだとしたら、それはグローバル人材になる一つのチャンスだと思う。

「行ってみたいな」と思っているだけでは何も変わらないし、行動してみないとわからないこともある。

だから本書を読む人には、できれば行動してもらいたい。

その親御さんたちも含めて、本書が皆さんの海外ボランティアの一助になれば、幸いだ。

# 第１部

## ガーナの地に立つ

成田から11時間ほどでドバイを乗り継ぎ、３時間のトランジット、さらにドバイから8時間かけてガーナ・コトカ国際空港へ向かう22時間の移動。

こんなに空の上に長くいることは生まれて初めてだったけど、寝て、食べて、寝て、映画を観ている間にまた寝ていたら、到着は間もなくだった。

飛行機の小さな窓から見える、アフリカ大陸の広大な大地。赤褐色の砂漠が一面に広がっていて、地球の偉大さを感じた。コトカ国際空港に飛行機の足がついたとき、じわっと自然と涙が目に溢れてきたのを今でも覚えている。

「あぁ、ついに念願のアフリカの地に降り立ったよ」

空港に降りると、通路に置いてある植木がなぜか直立ではなく、壁にもたれかかっていた。植木くらいちゃんと立てなよ。

かかっている看板も明らかに斜めだし、エボラ出血熱を警告する看板も趣味の悪い描き方。拒絶感を誘うつもりならバッチリ効果的かな。

廊下に出ると、いきなり土の塊が置いてある。なぜ？

トイレの掃除のおばちゃんはモップを杖にして居眠りしている。ここまで堂々とされると、むしろ清々しい。

荷物を待てども待てどもレーンは動かない。やっと動いたと思ったらレーンの動きに対して荷物が出るのが早すぎて、さっそく入口で詰まる。バランスってもんを考えようよ。

黒い肌した荷出しのおじさんたちが、何か叫びながらガッシャンガッシャンと荷物をレーンに〝投げ落として〟いく。ゴミか何かのつもりかもしれないけど、それ〝お客さまのお荷物〟ですよ。

荷物を受けとると別の黒い人たちが「こっちへ来い」と手を振る。

親切だな、と思いながら案内をしてもらい、「ありがとう、バイバイ」と手を振ると、「待て待て、カネだよカネ」と、いつまでもいつまでもつきまとってきた。いい加減、うっとうしく感じていると、別の若いお兄さんが彼らを追い払ってくれ、今度は「俺についてこい」と言う。お礼を言って去ろうとすると、やっぱり「何か忘れてないか？」と手を差し出してきた。

ゲートでは、10人くらいの黒い男たちが私の荷物を奪い合い、喧嘩する。怖い気持ちと「絶対に渡さない」という気持ちでいっぱいになって、私は必死で荷物を守り通した。

ＪＩＣＡの日本人スタッフと無事合流できたところで、また別の黒い男が荷物をかっさらっていった。「いい加減にしろよ！」と叫んだところでＪＩＣＡスタッフから「この人はホテルの人なので荷物を預けてください」と言われ、みんなで謝った。

でもその間も、周りの男たちは小銭欲しさに「俺が運んでやる」「俺に任せろ」と次々にやってきて、私たちの荷物に手を伸ばしてきた。全員黒くて、まったく見分けがつかない。きっと、ホテルの人たちまでにらみつけてしまったと思う。ごめんなさい。

ガーナ到着初日のホテルはＪＩＣＡが選んでくれたもので、安全で、とてもいいホテルだった。ただ、一泊１万６０００円だったと思うけど、部屋の窓は鍵が壊れ、ベッドはシーツもマットレスも枕も湿っぽかった。

服をかけるクローゼットは床から2メートル以上も離れていて、ジャンプしないと届かない。扉に備えつけられた鏡も位置が高くて、背伸びをしてやっと自分と目が合った。

シャワールームの扉は立てつけが悪くて閉まらない。

先客の蚊が「勝手に俺の部屋を荒らすな」と言わんばかりに羽音をブンブン鳴らしている。

コンセントも壊れていて、せっかくの電源対策も意味をなさなかった。

「嘘でしょ。日本だったら同じお金でどんなにいい部屋に泊まれるか……」

……そんな初日だった。

## ガーナって、こんな国

ガーナ——正式名称はガーナ共和国。

私たち日本人にとっては、赤色の箱の某チョコレートでかなり聞き馴染みのある国だと思う。

でも、実際にどこにあるどんな国なのかは、あまり知られていないんじゃないかな。

広大なアフリカ大陸の西側にニョキッと突き出た西アフリカの南。

アフリカ大陸は、左を向いた後頭部の長い欧米人の横顔のような形をしていて、ガーナはちょうどその側頭部——ギニア湾沿いに位置している。共和制国家で、かつてはイギリスの植民地だった。

1957年に独立してからも、イギリス加盟国であることに変わりはないものの、サハラ以南のアフリカで初めて現地の人たちが中心となってヨーロッパから独立を達成した、かなりすごい国。チョコレートの関係で、日本ではカカオ豆の産地として有名だと思うけど、ダイヤモンドや金も豊富に産出していて、２０１０年からは沖合油田で原油の生産も始まり、世界的に大きな注目を集めた。

首都はアクラ。ギニア湾に面したガーナ最大の都市で、人口は２００万人以上。政治、経済、通信、交通の中枢だ。

言語は、アカン語、ダバニ語、エウェ語、ガー語、ＴＷＩ語（チュイ語）などが使われ、私が赴任していたところではＴＷＩ語がメインだった。公用語が英語なので、英語が話せればかろうじて会話はできる。ただ、ものすごく訛りがキツいので、人によっては「それ、英語のつもり？」という人がちらほら。英語＋何かの現地語は必須だと思っておくべき。

ちなみに宗教は、国民の７割弱がキリスト教だ。

日曜になると教会へ行って奉仕をする人が多く、しかもあまりお金を持っていない人でもそれが習慣になっているので、私たちの宗教感覚でいると、かなり驚かされることがある。

ガーナの地域や人々については、先を続けながらお伝えしていこうと思う。

## ガーナについてのオリエンテーション

三日目には、ＪＩＣＡでガーナについてのオリエンテーションがあった。ガーナの文化や基本情報などについて、現地のガーナ人スタッフが話してくれた。詳しくはこの先で話していくとして、嬉しかったのは、ガーナ人がとてもフレンドリーでおしゃべり好きだということ。これから2年間、この地で過ごすために何よりも大切なのはコミュニケーションを取ることは必須。片言の英語とＴＷＩ語しか話せない私にとって、フレンドリーでおしゃべり好きな彼らはとてもありがたかった。

さっそくバスでドライバーの補助の人に話しかけた。内容はたいしたものではなかったけど、何かを聞いたり知ったりする入口になるかもしれなかったし、何より意思疎通ができることがうれしかった。ちなみにその人は、ガーナ産のチョコレートについて教えてくれた。

日本で有名な、赤い箱の某チョコレートのこともあって、ガーナといえばチョコレートを思い浮かべる人は少なくないと思う。

実際、ガーナにはたくさんのチョコレートがある。でも、ほとんどすべてが輸入物だそう。一種類だけガーナ産のチョコがあり、それがよほどの自慢なのか、頭に乗せて売りに来る人がいるくらい。

試しに食べてみると結構おいしかった。しかも技術の問題か、溶けない仕様になっている。カカオ豆で有名な国なのに、国産のチョコレートが一種類しかないというのも興味深かったけど、面白いと思えることが他にもあった。歯磨き粉だ。

歯磨き粉といえば白いのが普通だという印象がある。

でも、ガーナの歯磨き粉はなぜか緑色のジェルのなかにキラキラのラメが入っている。しかも磨くと予想以上に口のなかが泡だらけになって、つけすぎると窒息しそうに。ラメも泡立ちも、「もう少し考えなよ」とつっこみたくなるところが多くて、ガーナっておもしろい国だと思った。

私は廃車リサイクルの会社に勤めているので、どうしても車に目が行きがちになってしまう。ガーナは交通量が多く、現地の車の他に、日本車も意外とたくさん走っている。カローラ、スパシオ、カムリ、PRADO、HILUX、ハイエースやRAV4や、シビック、CR―V、セントラなどいろいろ。特にTOYOTA系がたくさん走っている。なかでもカローラとカムリ、ハイエースは圧倒的に多い。

来たばかりだからだろう、目に映るものすべてが興味深く、ワクワクとしてしまうけど、この興味をずっと持ち続け、現地での2年間を過ごそうと思った。

## ガーナでは「エフィア」と呼ばれて

翌日、ホームステイ先の家族の情報をもらった。これから2年間、私は任地であるフォメナに駐在して現地の人のためにボランティア活動を行う。まだ何をしようかとか、まったく決まってはいないけど、何か私が来た意味を残したいと思っている。

でもその前に、まずホームステイがあった。探してくれたのはＪＩＣＡで、彼らの条件を満たすかなり裕福な家族を選んでくれたようだった。

私のお世話になる家庭はすごく環境が良く、なんとカカオ農園を所有し、同時にパン屋もやっている家庭だった。ガーナに来て、日本に馴染み深いカカオの事情や農園を見られるのは本当に貴重な体験だ。彼らとの交流を通じて、いろいろなことを学んでいきたい。

さらにホームステイ期間中に、現地語のＴＷＩ語をできるだけ早く修得して、現地の人により身近に感じてもらえるように努力したい。英語よりも圧倒的にＴＷＩ語を使う機会が多いかもしれない。英語も練習しつつ、ＴＷＩ語もがんばろう。

今日もまた、ガーナの面白いところを知った。彼らは太った人が好みのようで、わたしを見ると「とても美しい！」とよく言ってくれる（ちなみに私は太っているのではなく、ガタイがいいのです！）。美しいと言われるのはうれしいけど、複雑な気分。

それとこちらでは、性別と何曜日に生まれたかによって名前が決まるそう。前国連事務総長のコフィ・アナンさんは、金曜日に生まれた男性なので「ＫＯＦＩ」と言うらしい。

ちなみに私は、金曜日に生まれた女性なので、エフィアだそうで。その優雅でちょっといたずらっぽい響きに、複雑な気分は溶けていった。

## 自由で素敵なガーナを味わう

本赴任の前にいろいろとやることがあって、ここ数日はガーナ財務省に表敬訪問したり、日本大使館に行って免許書の書き換えや任地での業務についての面談など、あちこちへ足を運んだ。

表敬訪問といっても、日本で想像できるような格式ばったものではなく、始まったと思ったら誰かが電話に出たり、いろいろな人がドアを開けては閉じたりと、とにかく自由。

向こうもこちらに対して、ボランティアとして何かを期待しているというよりは、「日・ガーナの交流のきっかけになればいい」くらいに思っているんだと感じた。ちょっと拍子抜けだったけど、逆に肩の力が抜けて良かったかな。

個人面談では、先輩隊員が作った農畜産加工商品の販路開拓に関わることや、現存の資源でできる商品の開発などに携わりそうだということを告げられた。「ハイ、わかりました」とは答えたものの、正直に言って、具体的に何をするのかはイメージが浮かばなかった。

それでも活動イメージはできたので、これはこれでちょっと安心。得意の妄想を膨らませておこうと思った。

仕事以外ではガーナ一の観光地オスへ行って、日本でも徐々に有名になりつつあるガーナ服を見て回った。実はガーナはファッションへの情熱が高いらしく、既製品に加えてオーダーメイドを数千円で作れたりする。

このときに私が見て回ったのは普通のショップだったけど、華やかな模様や、一色でも細かい織り柄の入ったガーナ服があちらこちらに売っていた。

値段を聞いてみると45セディ（約1500円）や65セディ（約2100円）と言われ、聞いていたより少し高く感じた。そこで、道端のおばちゃんに聞いてみると「普段は20セディで売ってるよ」とネタばらし。日本人というだけで金持ち扱いされるのは、ガーナでも同じだなと感じた。

道端におばちゃんがいるように、観光地といっても先進国のものとは様相が大きく異なる。そこら中にヤギや鶏がいて、ヒヨコが歩いていたりもする。子どもが走り回っていて、私を見ると「ＯＢＲＯＮＩ！」と言って手を振ってきたり、太極拳と思しき動きを見せてくる。坊主頭にクリクリした目がとても可愛らしい。

ちなみに、ＯＢＲＯＮＩは「白人」という意味。白人でも中国人でもない私を見てそう言うんだから、彼らには見分けなんてつかないんだろう。でも、それはお互い様かな。

私は「おはよう」「こんにちは」「ありがとう」などの簡単なＴＷＩ語で現地の人に積極的に話しかけた。すると彼らはにっこりして新しい単語を教えてくれる。本当にフレンドリーな人たちばかりだし、町の〝秩序はないけど平和な感じ〟もとても素敵だった。

そうそう、日本からこっちに来た人のなかには胃もたれになったり、マラリア予防薬の副作用や不眠で苦しんでいる人が多いみたい。でも私は特に何もなく、毎日よく食べています。

やっぱり健康は何をするでも一番大切だな、と思った。

## 人生で３本の指に入る恐怖体験

ここでちょっと、マラリアについて説明しておこうと思う。アフリカに行くなら、これは絶対に知っておかないといけないことだから。

マラリアは、蚊を媒介にして運ばれる寄生虫による感染症で、感染すると軽い場合でも高熱や頭痛、吐き気などの症状になり、悪性の場合は脳マラリアによる意識障害や腎不全などを起こし死亡するケースもある。世界で2億人が感染していて、60万人近くが亡くなっている病気だ。
アフリカは、全域にわたってマラリアの汚染地域に指定されている。だから基本的に行くなら予防薬は必ず飲んでおかないといけない。

健康管理のオリエンテーションがあったときのこと。アフリカで使用可能な解熱剤とマラリア検査キットをもらった。

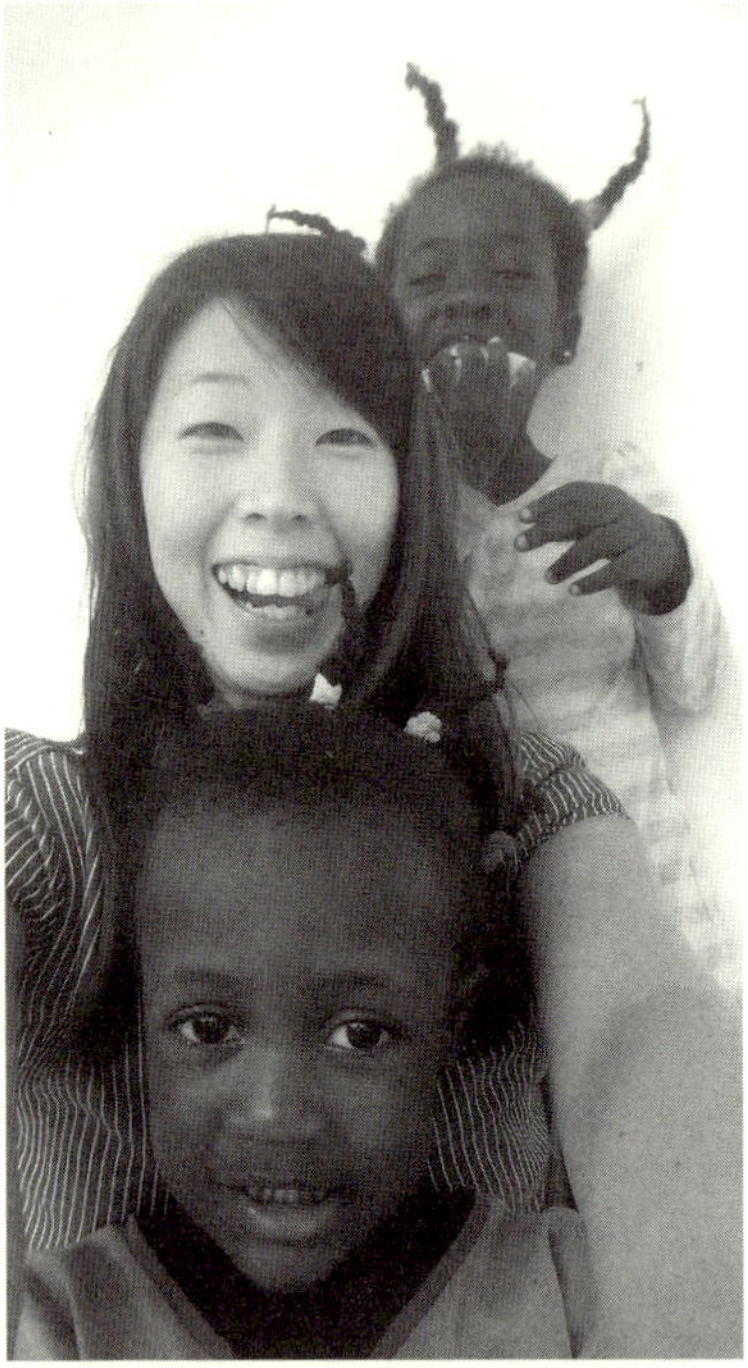
子どもたちと

マラリア検査キットは、血液を採取したキットに検査液を入れることで、感染しているかを調べられるキットだ。一通り説明を受けたあと、先生が「では、一度やってみましょう」と言い出し、私は目を見開いた。

血液を採取するにはどうする

か。もちろん、針を指に射すしかない。私は注射が嫌いではないけど、自分で自分の体に針を刺すとなると話は別。本当に怖くて、ちょっと涙が出ちゃった。勇気を出してブスッと刺しましたけど、痛いし、手は震えるし、そう何度もやるもんじゃない。人生3本の指に入る恐怖だった。

私はこの瞬間、ガーナにいる間は徹底的にマラリアを予防しようと決めた。週1回のマラリア予防薬をちゃんと飲み、虫よけクリームを塗り、蚊取り線香も焚いて、蚊帳の中で寝る。

日本では、緊急時にはきちんと救急車が無料で呼べて、緊急手術なども受けられる。でもガーナでは、緊急患者が平気で8時間後に対応されることも稀ではなく、重度の病気や事故にあった場合は、治療が間に合わないこともよくあるそうだ。

途上国においては、〝予防の意識〟が日本にいるときの何十倍も必要なんだ――ガーナに来て1週間で学んだことだった。

ちょっとした油断や気のゆるみが、最悪の場合は死につながる。しかもそのシチュエーションが日本よりも多い。自分のずさんな性格を正す、いい機会だとも思った。

## 金、石油、カカオが主なガーナ

任地フォメナでのホームステイを数日後に控えたある夜。私はいつものように湿っぽいベッドに横たわりながら、朝を待っていた。

これから一緒に働く人たちのこと、2年間住む住居のこと、向こうで出逢う新しい人々のこと……頭のなかで新しく始まるガーナ生活が浮かんでは消えを繰り返し、私の目は興奮で冴え切って、一向に寝つける気がしなかった。

ホームステイを前に、毎日のように講義を受け、ガーナについてのいろいろなことを勉強させてもらった。もちろん、まだまだ勉強は始まったばかりだし、実際に現地を歩いて食料品や洋服を見て回ったり、現地の人とのコミュニケーションをしたり、TWI語の勉強をしたり、やることは山ほどある。

ただ、こちらに来て10日ほどで少しずつ見えてきたことの一つに、こちらにはメイド・イン・ガーナのものがほとんどない、ということだった。

ガーナでは、製造業の割合は全体の5％にも満たない。経済の多くは1次産品（自然から採取されたままの状態で加工されていない物）の輸出に依存していて、それも金、石油、カカオ豆がほとんど。

カカオ豆はガーナの特産品の一つだが、生産技術が発達しておらず、あくまでも輸出用に生産している穀物としての扱いだ。だからガーナでは、ガーナ産のチョコが一種類しかない。

またカカオ豆は価格変動にも影響を受けやすい。一次産品の輸出をメインとしている国としては、なかなか厳しい話だろう。

さらにガーナでは石油も採れるが、加工は行わずそのまま輸出する。精製は輸入国が自国で行う。もしもこれらガーナの主要な輸出品の製造業が育ったら、もっと付加価値を乗せられて国として裕福になれるのに。

農業も、農民たちが独自に工作機械を持つのではなく、食糧農業省内の農業機械を管轄している部門が、農民たちに貸出しをしているらしい。ということは、農民によって生産に大きく差があるということ。

機械を借りられる人たちは自分の農業を大きく伸ばしやすいし、借りられない人は生産量も増やせず、当然お金も増やせないのでやっぱり機械を借りられない。そういうサイクルに陥ってしまっているのではないか。

町にはスーパーマーケットもある。でも、ガーナ資本のスーパーが1軒もないそうだ。ほとんどは南アフリカやインド資本のスーパーばかりで、当然、輸入品ばかりが並び、価格は高い。

今はまだ、私はこれらのことを知識として知っているに過ぎない。実際に何ができるのかはわからないし、それがどのくらい大変なことかも現実味を感じられない。

でも何かはできるはずだし、それをしに、私はここへ来たのだ。そしてそのスタートが数日後に迫っている。

湿っぽいベッドに横たわり、徐々に近づいてきた睡魔の気配を感じとりながら、私はそんな取り留めもないことを考え、やがて眠りについた。

## いよいよ、ホームステイ先へ

ガーナに来て2週間近くが過ぎ、ようやく前半のオリエンテーションが終わり、明日からはホームステイのためのプログラムが始まる。あっという間だった気がするが、2年という滞在期間を考えると、まだ700日以上もある計算になる。

ホームステイは、現地語の練習、ガーナ英語へ慣れ、そして何よりガーナ人の暮らしに密着して異文化への理解を深め、これから始まる2年間の活動の準備期間とすることなどを目的としている。どのようなホームステイ先になるかは、結構重要だけど、JICAは私にとってとてもいいファミリーを選んでくれたと思う。

ラッキーなことにホームステイ先はカカオ農家とパン屋で、12歳と18歳の子どものいるファミリーだった。運よく日本からガーナミルク・チョコレートを持ってきていたので、それをお土産にしよう。

ガーナでの交通事情や砂ぼこり、太陽の照り返し、水シャワーにもようやく慣れてきた。停電や断水は短いスパンで何度も起きている。でも恐らく任地では、もっと不便な生活に慣れていかなければいけなくなるだろう。

文句を言っても始まらない。私が望んでここに来たことだ。何事も楽しく受け止めて工夫していこうと思った。

## ホームステイの日

ホームステイ当日の朝は、早朝からバタバタだった。

７時にはスーツケースを抱えてホテルを出て、バス停へ向かった。バス停はバスと車と人でゴミゴミしていて、まるでテレビで見るような世界に迷い込んだようだった。しかも日本とは違って出発時間が決まっておらず、満席になってようやく出発した。ラッキーだったのは、ガーナ第２の都市クマシへ向かうバスだったことだ。40分ほどの待ち時間で出発することができた。

でも、つらいのはここからだった。

片道5時間半の道のりのうち休憩場所は1か所しかなく、しかも10分で戻って来なければ出発してしまうということだった。休憩場所までどのくらいの時間がかかるかもわからなかった。私はひたすら無心になって、〝トイレに行きたい欲〟を抑えこんだ。

出発して2時間が経ったところでトイレ休憩に。私はスーツケースを持って（日本のように放置しても安全ということはあり得ない）、ダッシュでトイレに向かった。

トイレのところにいた女性に制止され「50ペセワ（約18円）払いなさい」と言われた。背に腹は代えられない。大人しく払うと、周囲にいた他のレディたちが「トイレを使うにはお金がかかるのよ」と教えてくれた。まるでマンガだ。

トイレから出て手を洗っていると、隣で手を洗っていた別のお姉さんが「石鹸もいっぱいつけるのよ、私たちはお金払ったんだからいっぱい使いなさい」と言って石鹸をプッシュしてくれた。ちょっと貧乏性なところに、とても親近感が湧く。

バスのなかは綺麗だったけど、大音量でドラマや音楽が流れていて、とても眠ながら5時間半を過ごすことはできなかった。しかもガーナのドラマは日本の昼ドラのようなドロドロしたものが多く、いつも誰かが泣いたり叫んだり掴み合ったりしていて、とにかくうるさい。しかも編集も下手。下手すぎて笑えてくるくらい。

クマシに着くと、バス停の傍に秩序のない人だかりができていて、私が降りようとすると、七人くらいの男が「タクシーに乗れ」「俺が荷物を運んでやる」「どこにいくんだ」と一斉に迫ってきた。もちろん、いちいち相手をしてはいけない。小銭と荷物をむしり取られるだけだから。なかには「これを買わないか」と何かよくわからないものを差し出して道を塞ぐ輩も。ビクビクしながら、私はひたすら「ＮＯ！」と言って荷物を抱えていた。

すると通りかかったおじいちゃんが「つきまとうのはやめなさい、タクシーには乗らないと言ってるよ」と追い払ってくれた。空港のときのように「何か忘れてないか？」と言われるかと思ったけど、そんなことはなかった。基本的にガーナ人は世話好きで、すごく優しいのだ。

そうこうしているうちに、任地先の日本人の先輩と所属先事務所のディレクターが迎えにきてくれて、別の駅まで連れて行ってくれた。何とも頼もしい後姿に、「わたしもいつかはこうなれれば」と心に誓う。

駅から任地に向かうバス亭までの道のりでは、また人をかき分けていかなければなかなかった。とにかく人が多い。30キロのスーツケースを抱えて歩く15分程度の距離が、１時間にも感じられるほどに。

フォメナに着いて、バスに乗ろうと乗車券を払い荷物を預けると、係員から「10セディ（約

350円）払え」と言われた。「いやいや、それは高すぎるでしょ」と思っていると、日本人の先輩たちが「この子は初めてガーナに来たんだからWelcomeしなさいよ！」と交渉してくれ、3セディ（約100円）になった。やっぱり人間、長くいると強くなるもんなんだなぁ。

そこからさらに小さなトロトロ（小型バン）に乗り、1時間半かけてホームステイ先のバス停まで。バス停にはホストママがいて、車に乗せてくれた。HONDAのアコードで、一瞬だけ懐かしい気分になる。

アコードが走り出した瞬間、今度はスコールが降ってきた。間一髪、助かったと思った矢先、家に着くと停電していて、明かりはランタンとロウソクだけ。そこから4時間、電気が使えなかった。

「落ち着くところがないなぁ」とヘトヘトな気分になったけど、ファミリーの家は本当に豪邸で、ファミリーはみんなとても良い人たちばかりだった。

先行していた二人の日本人ボランティアとも仲が良く、「私を本当のママだと思ってちょうだい」と言ってくれ、水風呂は入れるのか、何が食べたいのか、パッキングを手伝おうか、メイクのテーブルを持ってきてあげるよ、とか、とにかくあれこれとよくお世話をしてくれた。

JICAの選んでくれたこのファミリーはかなり裕福だった。でも私は、これからの2年間、できる限り現地のガーナ人と同じものを食べ、同じように生活していこうと思った。私はここに

〝お客さん〟で来たわけではない。ボランティアとして貢献に来たのだから。

## ガーナ人に囲まれて

任地に来て四日、わかったことが二つある。

一つは、「カカオのわたは実は苦くない」ということ。チョコレートは砂糖がたくさん入っているから甘く、実際のカカオは苦いという話を聞いたことがあったけど、ホームステイ先でカカオの身を包んでいる白いところを食べたら、酸っぱくておいしかった。

もう一つは、「ガーナでは英語だけでは生きていけない」ということ。任地に来て、ものすごくたくさんの人が話かけてくるけど、8割の人は現地語しか話せないのではないかと思う。こちらが「ＴＷＩ語はまだよくわからないよ」と言っているのに、ひたすら話し続ける。

23年間生きてきて、英語が喋れたらどこでも生きていけると思っていたけど、早急に現地語を覚えないと文字通り〝話にならない〟だろう。

乗り合い車にはすぐに物売りが集まって来てとても便利

ただ、この地域の人たちはみんなとてもフレンドリーで、子どもたちは相変わらず「OBRONI!（白人）」と手を振ってくれ、時々「白人さん、こんにちは」みたいな歌を歌ってくれる。

道行く人は何かと話しかけて来て、私がTWI語で「こんにちは」や「ありがとう」と言うと、ものすごく喜んでくれる。そしてまた、現地語でガンガンに話しかけてくる。もちろん、何を話しているかはまったくわからない。

家から10分の距離の学校へ行くときでも、道行く人が声をかけてくるので、到着までに40分かかったことも。しかもみんなテンションが高く、猛暑のなか、赤土の上でよくわからない言葉を聞きながらとりあえず笑顔でいると、だんだん意識が朦朧としてくる。「これがアフリカか」と洗礼を受けた感じだが、今はそれすらもとてもおもしろかった。

何にしても、これから活動していく上で現地の調査や話を聞いたりするにも、何かあったときに身を守るためにも、道を聞くにも買い物をするにも、ＴＷＩ語ができないと進まない。生活に必要なものから覚えていこう。ホームステイから帰るころには、絶対に私が一番喋れるようになっていたい。

他にも、日本ではお目にかかれない光景にカルチャーショックを受けることが多々ある。先日、一番近いマーケットにいたときのこと。出店の横に車が停まったと思ったら、リアゲートから大量のクビを切られたヤギが店内に運び込まれていた。精肉されていない動物を見ることもまれだし、それが堂々と運び込まれているのも異様な光景だった。しかも私が呆然としていると、運んでいる人が「食べたいのか？」なんて声をかけられる。

それに、ガーナの水道水は濁っていて、たまに下水の匂いがする。だから、顔を洗うと少し目に沁みたり、洗濯した服がちょっと臭ったりする。日本ではあり得ないが、これは慣れていくしかない。

## ガーナで私ができそうなこと

ガーナでは、停電や断水は日常茶飯事。日本のようにすぐに復旧することはなく、一度なってしまうと、何日も電気のない生活を強いられることがよくある。

その日も、恐らく40時間以上は停電が続いていると思われる家のなかで、ランタンの明かりを頼りに報告書などを書いていた。ランタンの燃料も有限なので、いつまでもつかはわからない。

でも、こちらの人たちは慣れっこなのか「そのうち直るよ」とおおらかだ。その雰囲気に、私も大丈夫なような気がしてくる。幸い、ランタンのバッテリーはあるので大丈夫だろう。ただ改めて、備えの大切さを感じた。

おおらかなだけでなく、ガーナの人たちはフレンドリーだということはもう何度もお伝えしている。大人たちはわたしが現地の言葉を使うと喜んでくれるし、子どもたちは写真を撮ってみせると目を輝かせてはしゃぐ。バスに乗るとついてきて、いつまでもこちらに手を振っている。

そんな彼らのために、私はここで何ができるだろう。

翌日、私の所属する食糧農業省・フォメナ支部にあいさつに行ってきた。着いたときはミーティング中で、何を話しているのかまったくわからなかったけど、自由な感じで安心した。

美しい赤土の路

しかも何かの手違いで、私はタイのＮＧＯで働いたあと、国連に所属した経験があるということになっていて、「この子はすごい経験を持ってるんだ」と紹介された。「私、ただの会社員なんですけど……」とはもちろん言えず、焦った。

でも、そんな心配もすぐに杞憂に終わる。支部について早々、「ところでコミュニティ開発って何だい？」と聞かれたからだ。やっぱり受け入れる彼らも、私たちが何をしにここにいるのかを、よくわかっていないようだった。

でも、逆にそれで肩の力を抜いて考えられるようになった。何ができるか、いろいろと試してみよう。

今、先輩がオレンジの加工でジャムとジ

ュースを作ろうとしている。半数以上が廃棄されてしまう果物を、ジャムやジュースに加工することで保存を効かせたり、付加価値をつけて販売できるようにするためらしい。

私はまず、加工品の販路開拓をしようと考えた。具体的に何をすればいいかはわからないが、それでも少し道が見えた気がした。

ホストママもとてもいい人で、「うちにあるものを何でも使いなさい」と言ってくれる。コンポスト（オーガニックの堆肥）づくりや水の濾過など、できることを何でもやってみようと思う。経験はないけれども。

## 初めての教会で

相変わらず、停電は続いている。一瞬だけ直ったと思ったら、また停電。だからランタンは基本的に手放せないし、大活躍だ。断水が起きていないのが、せめてもの救いかな。

そんななか、日曜日には初めて教会に行った。ガーナの7割はキリスト教なので、外にはたくさん教会がある。停電なのに、教会からはガンガン音楽が流れていて、生活よりも協会に電気を優先させるガーナ人の価値観をとても興味深く感じた。

宗教になじみのない私にとって、教会での催しは、かなり衝撃的な光景だった。内容は「神が光を与えると人は良い行いをし、光を消すと人は悪い行いをする。だから光を照らしなさい。でも万が一、間違いを犯したときは自分の過ちを認め反省すべきである」みたいな内容のことを言っていた。私のＴＷＩ語の聞き取りも、少しずつ様になってきた。人々はみんなスピーカーの方に賛同し、立ち上がり、目をつむって何かを力強く念じたり、かと思えば音楽が鳴り始めて踊り出したり、最後は教会の発展のための寄付と、稼ぐ手段を持たないお年寄りへ送る寄付を集めて終わる。

ちょっとだけ見に行くつもりだったのが、３時間半もかかって疲れた。

でも、私のなかでの宗教に対するイメージが変わった。「迂闊に宗教にからむことはすべきでない」「宗教は恐ろしいもの」というイメージもあったけど、一種の教育のような意味があるのだと感じた。

教会へ行って、思った以上に疲れてしまったのは、こちらの気候もある。とにかく、暑いのだ。はっきり言って、バテる。

気温は日本の真夏とそんなに変わらないが、太陽の距離が近すぎる。直射日光が体力を奪っていくのを生れて初めて実感し、日中はあまり外に出たい気持ちにはならない。

それに道にもよく迷うので、それがさらに私の体力を奪う。あるとき、目的の場所とは違うところでバスを降りてしまい、そこにいた男たちに囲まれて、「どこに行くんだ」とか「結婚はしているのか」とかいろいろ質問攻めにあった。

ビクビクしていると、同じ町に住んでいるおばちゃんたちに会い、彼女たちが連れ出してくれた。困ったときのおばちゃんパワーは日本もガーナも同じなのかもしれない。もしかしたらこの2年間の私の活動のキーワードは〝おばちゃん〟になるかもしれないな。

## ホームステイを終えて

15日間のホームステイを終え、私は首都アクラへ戻った。翌週から始まる本赴任に備え、先輩隊員と情報交換をしたり、在ガーナ日本大使館へあいさつに行ったり、安全管理の講習を受けたりと、毎日が準備で詰まっている。

でもその前に、ホームステイで得た気付きと、私が感じたこの国の資源や私にできそうなこと、そしてラスト3日間の地獄のような日々について、残しておこうと思う。

ガーナへ来て約1か月。特に問題もなかった私の体調も、ホームステイのラスト3日間は動けなくなるほど悪くなった。

原因は、寝不足の朝に苦手なご飯を食べ、昼は暑さで食欲が湧かずにスルー、逆に夜にはお腹がすいて食べ過ぎてしまったこと。

空っぽの胃に大量の香辛料を取り込んだ私の胃はすぐさまパニックになり、不快感から始まって、すぐに動けなくなった。ひどい車酔いをしているような感覚を想像してもらえればいいかな。あれがずっと続く感じ。食べては吐き食べては吐き、を繰り返して大変だった。

フラフラになりながらシャワーに行くと、途中で断水が起きた。どうしようもないのであきらめて服を着ると、服に潜んでいたアリに体を噛まれた。「泣きっ面に蜂」とはこのことだが、そこで終わらないのがガーナ。しばらくするとまた停電になった。これでは休むどころではない。

これまでの人生で胃が痛くなる経験をしたことなかった私は、胃薬を持ってきていなかった。油断して備えを怠った罰。

次の日に病院へ連れていってもらうと、フレンドリーすぎる現地の人々や子どもたちが集まって来て、現地語でしゃべりかけてきた。フラフラの頭で何を言っているのか聞き取ることもできず、「あー」とか「うー」しか返せずに病院に入った。

町医者のような人に英語で病状を聞かれ、薬を出してもらった。「何も食べてないけど、薬を飲んでも大丈夫なの？」という日本人らしい私の質問に、「なんだ、痩せたかったのかい？」なんで答えが返ってきて、笑えないけど笑ってしまった。

でもこのときばかりは、「ちょっとでも英語が話せて良かった」と心の底から思った。現地語が話せない以上、頼りになるのは英語力と表現力だけだ。

朝昼晩に飲め、と出された薬には汚いメモが書いているだけで、何の薬かわからなかった。何の薬か聞くと薬の名前を言うだけで、効用はまったく理解できない。結局、一緒に着いてきてくれた詳しい人に聞いた。

別の薬局では、汚いボトルに入った胃酸抑制剤をもらった。歯磨き粉のような匂いのする、ドロドロの薬だった。「これはすごく良いから今飲んだほうがいい」と言われ、まったく胃が受けつけないとはわかっていながらも飲むと、胃が即動き出し、嘔吐。どういう意図で、〝すごく良い薬〟だったのかはわからずじまいだった。

私は数年に一度くらいしか体調不良にならないので、ちょっと具合が悪いと何もできなくなってしまう。「体は資本」というが、これは医療設備の整っていない途上国では、言葉以上の重みがある。普通の人にとってはただの胃もたれなのに3日も寝込み、寝込んでいる間に死んでしまったらきっとニュースになって……朦朧とする頭でそんな妄想をしながら、私は健康のありがたさを噛み締めた。

次の日、先輩隊員が胃薬と日本のインスタント食品を持ってきてくれて、完全に復帰することができた。この2年はガーナ食だけを食べて生きていこうと誓った矢先だったけど、そんなバカなことを考えるのはやめて健康管理に努めようと誓い直した。

でもこの胃もたれ以外、ホームステイは大変素晴らしく、任地の一部に身を置いて農家に触れ、人間関係を築き、たくさんの話をして活動のヒントになるようなことも得られた。

一番良かったのは、何かあったときに頼れる人ができたということ。ホストファミリーと良い関係を築けたことで、今後もそのつながりを通じて困難を乗り切れるだろう。

それに、私がここでやるべきこともかなり見えてきた。

同じ職場で働いている先輩隊員がオレンジを加工し、ジャムを作っている。ジャムより身近で手ごろなジュースも作ろうとしている。これらの商品のマーケットを作ること――それが私にできそうなこと。まだ商品の考案段階だけど、先輩と一緒にジューサーを交渉、注文しに行き、ボトルも買った。

何かを始めようとすると、お金の問題にぶちあたるのはどこでも同じ。でもそれなら、お金がかからないマンパワーから始められるやり方を探して、どんどん規模を拡大していけばいい。

ガーナのことを何も知らない私たちにとって、鍵となるのはいつも人脈だ。人脈、ネットワーク、コミュニティは最も重要で、これらを、この地のルールに従って大切にして活動していけば、帰国する2年後にはきっと大きな財産になるだろう。

本赴任になったら先輩隊員からたくさんの知識や人脈を引き継いで、トライ&エラーを繰り返していこう。そのために、まずこの3か月は先輩隊員に密着して、コミュニティの把握とマーケットを探すことを目標に活動をしていこうと思った。

## アクラで噛み締める小さな幸せ

本赴任の準備を進めるなか、在ガーナ日本大使に会ってきた。大使はかつて農林水産省の人だったようで、「農家での活動で何かあればいつでも連絡を」と言ってもらえた。

日曜日には、新隊員歓迎会を開いてもらった。そこには「味の素」の方がいて、名刺も交換させてもらった。

ホームステイ先のフォメナから首都アクラに戻って、小さな幸せを噛み締めている。シャワーの水がちゃんと上から出てくること、立って体を洗えること、ボタン一つで洗濯ができること、物が比較的簡単に手に入ること、商品を選べること、お菓子があること、涼しめること、生野菜が食べられること。「人生で一番幸せだなぁ」と感じているかもしれない。大袈裟かな?

任地先のフォメナに戻ったら、このような生活は望めない。

でも、過酷な環境のなかでも小さな幸せを見つけて活動していこう。現地に入りこんで自分ができる最大の力を発揮し、様々なことに取り組んで行こうと思った。

## 日本の先人たちへの感謝

本赴任のためのオリエンテーションも終わり、任地先のフォメナに戻った私。でも「君の住む部屋の準備ができていないから、しばらくホストファミリーの家にいなさい」と言われ、数日経っても定住できていない。

「ここら辺が日本と違うところだなぁ」と感じながら、私は相変わらず朝昼晩とガーナ食を食べ、自分の健康を心配していた。

仕方がないので先輩の女性隊員の家にお邪魔して、生活を見させてもらった。

彼女の家は隊員のなかでも一番大変な家で、ガーナ人とシェアしながら毎日井戸から水を引いている。ポンプ式ではなく、長い筒からバケツで水を引く、とんでもないやつだ。時代劇とかで、井戸から水を組むアレをさらに粗末にしたものだと思ってもらえればいいんじゃないかと。

思った以上に重くて、大きなペール缶を紐で引いてるような感じだった。手も真っ赤になって、これがアフリカか、という感じ。私の仮住まいも蛇口はあるがただのオブジェなので、雨水を溜めるか井戸から水を取って生活するしかない。

新生活に向けて、家具の買い出しにも行った。

ガーナにはフレンドリーな人が多い一方で、物乞いも多い。日本では考えられないが、そこら中に物乞いの人がいて、一度外に出ると最低でも2～3回は「小銭を恵んでくれ」とか「何か買ってくれ」と言われる。

こういうシチュエーションに慣れてないので、どういう反応をしたらいいかわからない。小さいコミュニティなので怒ったり無視したりし続けるのも避けたほうが良く、2日ほどは悶々とした。

思い切ってホストママに「あれは冗談なのか?」と聞くと、「本気だけど習慣だから気にしなくていい」とのこと。気にせず丁重にお断りすればOKなんだろう。

大きな家具を買いにいくと必ずボッたくられるので、逐一交渉が必要だ。商品は選択肢がないので、買うとしたら即決なのに買うのに時間がかかってしまう。

家具を買うときにも「中国人か日本か」と聞かれ、日本人だと答えるとOKと言ってニッコリして商品を持ってきてくれたりする。検問所で警察に止められたときも、「中国人か、身分証明書を見せろ」と聞かれて「日本人だ」と答えると、ＯＫと言ってＩＤも見せずに通してくれた。

相手からすればみんな同じに見えるのはお互い様。でも、日本人というブランドはいろいろなところで役に立つ。

日本人というだけで金持ちだと思われ、ボッたくられたり小銭をせびられたりすることもあるが、同時に信用度はトップクラス。先祖代々から途上国の発展に貢献してこられた先人の日本人の方々には感謝しかない。

## ボランティア活動の兆しが見えた日

新生活のための準備と並行して、農畜産加工の先輩が行っているワークショップの見学にも連れていってもらった。

まさに「ザ・アフリカ！」と思える、何もない赤土の坂道を50分ほどひたすら走った先で、農家のおばちゃん20人くらいがジャムの作り方を習っていた。

ワークショップに参加して感じたのは、現地の人々は結構真面目に取り組んでくれるということ。別の日には学校でのワークショップに参加したけど、そこでもおばちゃんたちは楽しそうだった。私たちが帰ったあと、このなかの一人でも継続してくれる人がいたなら、私たちの2年間の活動はムダではなかったと言えるのではないかと思う。

ちなみにこれが実現できたのは、たまたま先輩隊員が知り合った学校の先生が活動を知って興味を持ち、全面的に協力してくれたことがきっかけのようだった。やはり人脈は大切だ。私も毎日の会話やあいさつから始まる縁と人脈を大切にし、それを活用して活動していこうと思った。

そしてもう一つ、彼女たちが言っていたのは「もしマーケットがあるなら、私たちはやる」ということだった。つまり「やる気はあるけど場所がない」と言うのだ。

それを聞いて、私にもボランティア活動の兆しが見えた。

柱となるのは「ジャムづくり」と「ジュースづくり」の二つ。そのそれぞれで、

・やる気のある元気な女性のコミュニティづくりをする
・ジャムづくり、ジュースづくりをする
・売れそうなポイントを調査して、販売する
・得た利益を使って拡大を図る

このサイクルを繰り返すのだ。

コミュニティの女性たちがジャムやジュースを作り、ホストママがそれを買い取ってジャムパンを作る。私たちが売れそうなポイントを現地の人に聞き取りをしながら調査する。別のやる気のあるマダムが、ジャムパンやジュースをホストママから買い取り、販売する。それぞれのポイントで利益を出し、業務を拡大していく。

一気にすべてができるとは思わないし、すぐに軌道に乗ることもないだろう。でも一つずつ確実にやっていき、そのなかでさらに良いものがあれば柔軟に取り入れていけばいい。

今はまだ何があるかわからないが、私はこのアイデアに手ごたえを感じていた。

近くにいる先輩隊員たちは、厳しい環境のなかで逞しく生活していて、現地の人とのコミュニケーションも欠かさない。彼女らの口癖は「現地の人たち喜ぶからね～」だ。自分に何ができるか悩んでいたときに上司から「ビジネスでもボランティアでも、その人たちが喜ぶことをすることが大事だよ」と教えてもらったことも、思いだした。

大切なのはお金をあげるのではなくて、彼らが継続的にお金を稼げる手段を提供すること。彼らが喜ぶことを、私たちはするのだ。

先輩隊員たちのワークショップを見て、やる気のある現地の女性たちを見て、私はそのことに気づき、ジャムパン作りのサイクルにボランティア活動の兆しを見た。

まずはこれからやってみよう。２年間という時間は、短いようで充分でもあるはず。そして２年後には、私も彼女たちのようになる！

## ガーナにて、ビジネスの基本を学ぶ

そもそも、ジャムづくりという発想は私のアイデアではなく、先輩隊員が、現地で大量に廃棄されるオレンジを見て考え出したもの。

ガーナでは、ほとんどの農家が同じものを育てている。というのも、多くの貧しい農家は自分たちが食べるものを育て、もしも余れば売る、というケースほとんど。だから必然的に同じものを育てていることが多く、また他のお金がかかるものには手が出せないのだ。

同じものばかりが大量にあるのだから、当然値段も安くなり、市場としても成立しなくなる。農家の人から一律で「キログラムいくら」などで買い取り、他州へ輸出できるような組織があればいいとは思うが、さすがにそこまでは関わることができない。

そんななか、自分たちにできる地域貢献として考え出されたのが、ジャムづくり。原材料はたっぷりあるので、やる気のある現地の人たちでコミュニティを作って販売すれば、彼らの収益になると考えられた。

今日は村の有力者である私のホストママと先輩隊員と朝7時から販売プランについて話合い、ママの空き家を借りてもいいという話になった。

さらに、ジャム自体は高くてなかなか買えないから、ジャムが乗ったジャムパンを作ってはどうか、という話も進んでいる。「付加価値をつけるってこういうことか」とビジネスを学んでいる気分だ。

ガーナ人は健康に良いと言われているものをとにかく食べ続ける人種だ。

体に良いからとジュースにショウガを入れるし（はっきり言ってマズい）、体に良いからとミロを朝から飲み（はっきり言って味薄い）、体に良いからとココヤムの葉を2日に一度は食べる（さすがに飽きる）。

でも、こういうところがいい落としどころになるのではないかとも感じる。ガーナ人のことをよく知り、彼ら——つまりターゲットが求めるものを彼らが手を出せる価格で提供すること。マーケティングの基本だ。現地で活動をしながらビジネスの基本学べて、とても楽しい。

2年間という限られた時間のなかで、日本よりもずっとゆっくりと物事が動くガーナ。どこまでできるかはわからないが、精いっぱいやってみようと思った。

## いよいよ実生活へ

フォメナへ戻って半月以上が経って、ようやく自分の新しい部屋に入ることができた。とてもうれしい。

ただ、ホームステイのときとは打って変わって、アパート生活自体はとても不便だ。水道の蛇口はあるが、ただのオブジェで水は出ない。アパートの外に水道があるので、毎日そこでバケツに水を汲まないといけない。

アパート内で水は一切出ないので、そのバケツから小さいバケツに水を汲んでバケツからシャワーを浴びる。トイレも水が流れないので、便器に向かって水をぶちまけるしかない。

顔を洗うのも歯を磨くのも料理も、すべて汲んできた水を使う。もちろん、いつ起こるかわからない断水に備え、大きいバケツには常に水をなみなみ次いでおかなければいけない。

断水に加えて、停電への備えも必要だ。初めて料理を作ろうと思ったら停電していたので、トマトを切ってゴマ油と塩をかけて食べた。あとはインスタント・ヌードル。日本の整ったインフ

赴任先のアパート

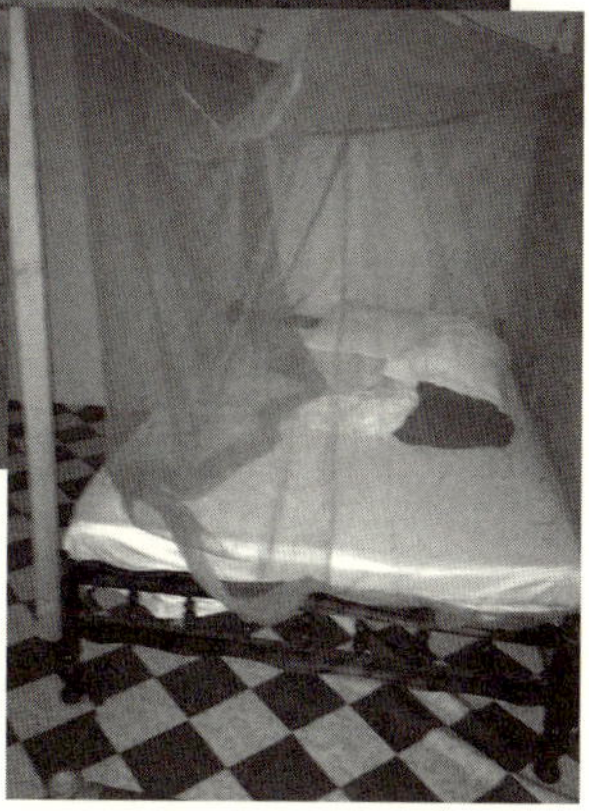

アパートの部屋

ラのありがたみを感じつつ、それでも何だかとっても楽しい。

ガーナへ来て1か月半ほどが経ち、ようやく自分のやることが見えてきて、自分の部屋を持てた。現地の人とも仲良くやれているし、何かあったときに助けてくれる人たち、先輩隊員たちともうまくやっている。まだ先は見えていないし、できることも少ない。不便なことは山ほどあるし、何一つとっても日本とは勝手が違う。

でも、それが楽しい。やっと憧れの地に来たのだという実感と、そこから始まる新しい人生にワクワクする。そのワクワクが私に教えてくれる。

いよいよここから、私の2年間が始まるのだと。

# 第2部

## 本赴任へ

ガーナ・アシャンティ州では、毎年10~11月に、1年間で最もがんばった農家に対して栄誉と感謝を送るイベント「FARMAER'S DAY」というものがある。私が本赴任になったのは、ちょうどそれを来月に控えたタイミングだった。

現地のオフィスにて、担当のオフィサーたちに「農家を見たい」とお願いをしていた。できればFARMER'S DAY展示に向けたジュースづくりの手伝いをしたかったのだ。でも向こうの答えはいつも「車がいっぱいだから乗せられないんだ」の一点張りで、待機を命ぜられる。

向こうにしてみればどうしようもないことなのかもしれないが、こちらからすると「他の車を出せばいいのに」という感覚だ。

でも、そんなに簡単に車をもう一台とはいかないのは仕方がない。国が違うのだから。日本のように、何とか融通を利かせて……というのは条件的にも厳しい話だ。日本と違うという点では、アパートでは相変わらず停電と断水が続いていて、水を自由に使えないところも同じだ。

バケツの水があと10センチを切り、断水が解除されるまで何とか持ちこたえないといけない。水がなくなったら、500メートル先の井戸まで水汲みに行かなければいけない。

正直、水はとても重いので避けたい事態だ。にもかかわらず水はあっという間になくなる。水は貴重で、でもガーナ人は綺麗好きなので朝晩と必ず2回シャワーを浴びる。小さなバケツ一杯でシャワーを浴びるんだけど、私には1回すらまだ無理だった。

それでも少しずつシャワーで使う水の量を減らしているし、その環境に慣れてきてはいる。逆に考えると、「日本にいたときは、一体バケツ何杯分の水を使っていたんだろう」と不思議な感覚になった。

## ガーナ農家の実情

停電と断水は相変わらず続いているが、それでも少し進展があった。ようやく農家へ行って、ジュースづくりができたのだ。

ジャムよりも簡単で単純で、すぐに自分でも作れるようになった。都市や市場で売ったら売れると思う。あとは今後、どのように女性コミュニティを作っていくかということと、仕組みやルール、現地の人たちの自主性をどのように引き出し、確立していくかだと思う。焦らずじっくり計画立てて、みんなと協力してやっていこう。

オフィスの人たちとも徐々に仲良くなってきた。「エフィア（私のガーナ名です）はいつも笑ってるね」と言われる。

彼らに現地の農業事情――とりあえず農作物を育てている期間と、収穫の期間について聞いてみた。

気になったのは、ガーナには雨季と乾季があるということ。

現在11月を迎え、これから乾季に入る。乾季になるとまったく雨が降らなくなり、かなり乾燥するそうだ。

ガーナでは、ほとんどの作物が雨季に収穫される。

では「乾季には、農家の人は何をしているの？」と聞くと、水を引ける農家だけが作物を育てることができ、それ以外の水にアクセスできない農家は唐辛子を粉末状にしたり、加工をして長く使えるようにして売ったりしている、ということだった。

当然、水を引ける農家は乾季でも収益をキープでき、そうでないところは極端に下がってしまう。つまり、貧富の差が生まれてしまうのだ。そしてその割合は圧倒的に後者が多くなる。でも逆に言えば、水を汲み上げる機械（ポンプ）があれば、彼らの生活も変わるだろう。それに加工についても、私たちに何かできることがあるのではないかと思った。

まだ思いつき段階だが、たくさんの人と話して、一つの考え方に捕らわれないよう、柔軟に対応していこうと思う。

## FARMER'S DAYに向けての買い出し

いよいよFARMER'S DAYが来週に迫ったある日、ホストママの知り合いのマダムと一緒に首都アクラまで移動し、FARMER'S DAY展示用のジャムのため材料を買い出しに行った。
狭いハイエースに24人がぎゅうぎゅう詰めになって乗り込み、片道4時間ほどの道のりを進んだ。トイレ休憩なし。車内は熱気と湿気で充満し、不快指数１２０％。しかもいろいろとあって、結局8時間半かかった。

ヤシの実をつぶして油を取る様子

でも私も慣れてきて、トイレに行きたい欲をコントロールできるようになっていた。朝済ませておけば、夕方までは大丈夫な体になった。

市場でオレンジ50個、パパイヤ6個、砂糖3キロ、パイナップル10個、ビン19個、その他諸々を買い込む。

ガーナで買い物するのは大変だ。アクラのような首都ならショッピングモールがあり、スーパーマーケットもあるので買い物は一度で済む。

でも田舎では、パラソルにブルーシートを引いたり頭の上に籠を乗せたりしている人がひたすら続く場所で、あてもなく目的の品を探さなければいけない。

ガーナ人がいれば現地語ですぐ聞いてくれるので、道もわかるし、比較的早くに目的のものを見つけられる。

ただ、それでも値段も書いていないし、高確率でボッたくられるので、一品ごとに値段交渉が必要。重いし、遠いし、暑いし、人多いし、臭いし……と、買い出し一つにしても何重苦かわからないほど大変だ。

私が買い出しをしたときも、パイナップルとビンがその市場にないことがわかり、荷物をおいて2時間かけて都市まで戻った。途中でスコールに遭い、ずぶ濡れになった。そんなとき、ガーナ人は頭からビニール袋をかぶって歩く。私も試しに真似をすると、現地の人は大興奮で喜んでくれた。こういうところは平和な国民性だな、と思う。

中心街にも膨大な屋台が広がっていて、現地の人に聞いても全員がバラバラの方向を教えてくれるので、行ったり来たりを繰り返して目的地へ辿りつくことになる。

こちらでは、どこに行っても誰かが助けてくれる。どこへ行っても、OBRONIを助けたい人がいて助かっている。いつも誰かが話かけてくれて、覚えた現地語で話すと大興奮で喜んでくれる。最初は正直うっとうしい気持ちもあったけど、彼らは本当に心の美しい人たちなのだ。

そんなガーナ人が大好きだし、親切に案内してくれた人で「私にも1個買ってよ」とねだってくる人がいても、あまり気にならなくなってきていた。

FARMER'S DAYが終わったら、新しく女性コミュニティのための施設を作ろうと思う。そのあとはワークショップをしながらさらに女性を集めて、ジャムづくりでお金を稼げる仕組みを作りたい。

ジャムができたら、ホストママに売ったり近場で売って、白人向けのホテルに交渉して置いてもらったり、ＪＩＣＡ事務所でも売り出そうと考えている。時間はゆっくりだけど、着実に進んでいくつもりだ。

## ジャムづくりスタート　―長い旅路の始まり―

今日、初めてジャムを作った。生まれて初めて。正真正銘の、人生初ジャムデーだった。オレンジを30個、パイナップル８個、砂糖４００グラムを使った。

でもその前に、もう一度買い出しが必要だった。なんと、コンロにガスが入っていなかったのだ。コンロを担いでタクシーに乗り、ガスコンロ用のガス・ステーションまで行ってガスを入れてもらわないといけなかった。

材料はかなりの量だった。おかげでかなりの時間がかかり、水分を飛ばすのに2時間以上も煮込むことになった。これは失敗だったと思う。

日本のように都市ガスが整備されていたり、定期的にプロパン屋さんが交換に来てくれたり、という便利なシステムはここにはない。使う分だけ買わなければいけないのだ。まぁこれはこれで、いい習慣だとは思うのだけれど、ムダ遣いには慎重にならざるを得ない。

そもそも、オレンジが売られることなく腐ってムダになっている現状を打破するために、加工して付加価値をつけることで農家の収入につなげようと始まったジャムづくりだったけど、初めてジャムづくりをする様子を見て、思うことがいくつかあった。

何より、ガスを使いすぎる。ガスは5キロで15セディ（500円）。これで、約1か月分になる。月のガス代500円と考えればかなり安いと思うかもしれないが、ガーナ人にとってとても高価で、裕福な家だけがガスコンロを持てるのだ。貧しい農家が同じことをしようとすると確実に赤字になる。

そもそも、なぜそんなに煮込む必要があるのかというと、ジャムを固めるペクチンがここでは手に入らないからだ。

代わりに、ペクチンを含んだオレンジの種と、繊維の多いパインやパパイヤを一緒に煮込むことで、ジャムの〝ドロッと感〟を出す。でもやってみると、オレンジと他のフルーツの配分や水分量など、これがなかなか難しい。

早く固まってくれれば、火もあまり使わずに済むので今度は他の方法を試してみよう。例えば、ガーナ人がよく使う炭を炊いてやるとか。オレンジの実の周りの白い部分を煮込むとすぐ固まるという噂を聞いたので、それもやってみようと思った。


私自身、この国でたくさんやりたいことはあるし、こんなビジネスをしたら良いだろうな、とアイデアもある。でも私たちはいつまでもここにいられるわけではない。だから現地の人たちができる方法を見つけるのが課題だ。

そのためには自分が現地の人の基準を知ることが大切だろう。特におばちゃん達を取り込んで教わろうと思う。

## FARMAER'S DAYに向けたジャムのラベルづくり

ジャムづくりを経験した後日、今度は展示会のためのラベルづくりを行った。ジャムを詰めた瓶に貼るためのものだ。

コンセプトはシンプル・イズ・ベスト。ジャム自体が無添加で、しかも手作りのものだから、ラベルもそれに倣ったシンプルなものがいいと思った。日本でもそういうデザインのものが高級感のあるイメージを持たれたり、高級品は意外とゴテゴテせず、シンプルで上品なデザインだったりするから。

ところが、一緒に働くガーナ人に第一案のデザインを見せると、「シンプルすぎるからダメだ、俺が作ってやる」といって即座に却下。どんなものが出てくるのかと思っていると、可愛らしいけど派手派手なものが出てきた。ガーナ人は派手でカラフルなものが好きなんだな。確かに、服とかも無地でも織り柄がしっかり入っていたり、濃い色柄の服が多いもんな。

結果的に私のデザインはまったく反映されなかったけど、それでも初めて現地の人たちと一緒に作業できたことがうれしかった。

大切なのは、彼らがどう感じるか。ジャムは輸出するのではなく、国内の、しかも限られたところから販売をスタートするのだから、彼らと一緒に仕事をし、意見を優先するのは重要なことだ。この感覚を大切にして、これからも活動していこう。

## 初めてガーナでイラついた日

FARMAER'S DAYを目前に控えたある日、ガーナへ来て初めてイライラが爆発しそうになる出来事が起きた。

その日の事務所は、年1回の大イベントに向けて普段ののんびりっぷりからは想像もできないほどに慌ただしく、人でいっぱいだった。私はできあがったラベルのデザインをプリントアウトしたかったけど、まず作ってくれている人が忙しくてその時間を取ってくれなかった。

パソコン操作くらいなら慣れたものだったから、忙しいなら代わりに自分がやろうと思ったけど、パソコンはずっと占領されているので使えず。仕方がないから、とりあえずできているものだけでもコピーしようと道を聞いても（コピー機はコピー屋に行かないといけない）も誰も知らず、挙句の果てに「ただの展示だし、カラーじゃなくても良いでしょ」と言われる始末。

そういうわけにはいかないよ、とコピー屋を調べて足を運んでも、1件目では「なんか色がつかないからできない」と言われ、2件目では「今、パソコンとつないでないからできない」と言われて、ようやくできたのは3件目。たかがコピーでこんなに苦労するとは。

それでも、時間を割いてくれたスタッフには感謝だ。

コピーができたときに「ちゃんとできているかどうかを確認しなきゃ不安なんだね」と言われ

ジャムパン＆ドリンクの広告

たので、「だって責任があるからね」と返した。

　彼らは「いつも日本人はよく働く」と言っている。私たちからすると当たり前のことだけど、彼らにとっては働き過ぎに思えるんだろうな。日本ではそれが当たり前の基準で、しかも年間３００日近く繰り返されると聞いたら、どう思うだろう。

　日本と海外では働く姿勢が違うので、どっちが正しいというわけではない。ガーナにはガーナの働き方がある。日本の考え方を押しつけてもいけないし、ガーナの考え方にそのまま浸かっているのも良くないと思う。

　幸い時間はまだまだあるから、行動で示しながらたくさん話をして、お互いに改善し合えればいいなと思う。

## FARMAER'S DAYと、その振り返り

金曜日はFARMAER'S DAYだった。どれだけ準備をしていても、イベント事は当日にバタバタするのが常。生まれて初めて参加した海外のイベントでも、それは同じだった。

それでも、スタッフやオフィスの人たちと一緒に、一生懸命イベント運営を執り行った。私自身も先輩隊員たちを手伝って展示スペースを開き、フルーツで作った手作りのジュース、ジャム、そのジャムを塗ったパンを販売したけど、気付いたこともたくさんあった半面、反省点の多い一日になった。

まずは当日の朝。

私がアパートを出て事務所に着いたときに、展示品のグッズが一切、会場に持って行かれていなかった。

当然、展示会場に先着しているスタッフたちは準備ができない。慌てて車に詰め込んで、展示場まで向かう。車を出してからも忘れものがあったりして、結局、事務所と会場を往復する羽目

になった。

特に気づきとして興味深く、今後に活かせそうな情報を得られたことを言うなら、ガーナ人の価値観についてだ。

ジャムパンは1セディ（35円）のもの、2セディ（70円）のもの、2・5セディ（88円）のものの三種類を販売したけど、ほとんどのお客さんが1セディのものを欲しがった。

2セディのものは先生や村長などの、そこそこのお金持ちが土産用に買っていくくらい。2・5セディに至っては、オフィサーなど関係者以外は誰も買わなかった。

量を減らし、価格帯を安くした方がこちらの人には好まれるようだ。

それに、ガーナ人は食べ物の袋を二重にしたがる。

例えば、当日はジャムパンを袋に入れた状態で販売していた。あまり綺麗ではない、安っぽい袋だったけど、買ってもらった人にはそのまま渡して、食べてもらおうと思っていた。

でも、あるお客さんからは「持ち帰りの袋も用意せずにこんな公共の場に出して、衛生的にそれでいいと思ってるの？」と言われた。しかもほとんどの人からも、さらに持ち歩くための別の袋を求められた。

意外と綺麗好きというか、潔癖なところがあるんだなぁ、と思った反面、やはり必要だったんだと反省した。

後日、反省会のためのミーティングを行った。ミーティングは3時間半遅れで始まったけど、みんな特に何事もなく待っていた。日本だったら5分くらいで誰かが最初にイライラし始め、1時間も待たずにいる人だけで始めるか、リスケするような事態だろう。

でも、ガーナ人はきっと他のアフリカ諸国の人たちよりは時間に対してしっかりしていると思う。

ミーティングを終えて、私は個人的に自分の活動に悩んでしまった。

これからどうしようか。個人的にはジュースのほうがジャムより簡単で、しかも需要があって、量産もしやすいので良いかなとも思っている。

ただ走り始めたことでもあるので、とりあえずはジャムを作る女性グループを一つ作ってみてから、他のところに手を回していこうということで落ち着いた。ジャムとジュース以外でも、乾季に農家の人ができることを見つけたいと考えている。

## ガーナ人の生活傾向から学べること

先輩隊員から「新しく作ったジュースのラベルが欲しい」と言われ、前回苦戦したラベルづくりに再チャレンジをする傍ら、部屋の修理をしてもらった。

実は、FARMAER'S DAYに前後した10日ほど、電球以外の電気が使えず、冷蔵庫や扇風機が動かなかった。死ぬほど暑かったし、改めて冷蔵庫のありがたみを実感した。

同時に、電気が使えなくても人間は生きていけるんだとわかった。もちろん快適からは程遠いけど、なくても生きては行ける。

豪快だったのは修理屋さんの直し方だ。あまりにも豪快過ぎて、よくこれまで生き残ってこれたな、と思った。

文字通りの意味だ。何せ、電気のボタンがONになっているのに、ためらいなくプラグにドライバーを突っ込むんだから。「いつか感電して死ぬんじゃない？　心配だよ」と私が言うと、これがガーナだ、と笑顔で親指を立ててきた。

電気が直ったと思えば、今度は数日前からの断水で、溜めておいた水が底を突いた。隣の子どもと一緒に、500メートル先の井戸までバケツを持って汲みに行かないといけなくなった。

業務用サイズの青色バケツをイメージしてもらいたい。あんな感じだ。はっきり言って、重い。

そこにたっぷり水をためて、４往復。本当は２杯で良かったんだけど、隣の大家族の水も足りなかったので、手伝ってあげた。〝情けは人のためならず〟の精神で、ガンバろう。

最近、気づいたことだけど、当然と言えば当然ながらガーナ人の生活にも傾向がある。私は、ずっと彼らの生活傾向を分析していた。

例えば、ガーナ人は食べ物に塩を大量に入れる。恐らくそれは、保存が充分にできる環境にないからだ。殺菌のためなのだ。

食べ物も煮崩れを気にせずかなりの時間、煮込む。肉や魚の菌を完全に死滅させなければならないとわかっているからだろう。

ガーナ人は、朝５時に起きて夜９時には寝る。「本当に文明人？」と思うけど、恐らくは昼間が暑すぎて体力を奪われるので、自然とそういう習慣の体になっていったんだと思う。頭が平らなのも、頭に物を乗せる習慣を代々受け継いできた人たちだから、そういう頭になった……のかな？

ガーナには「キーソープ」という石鹸があって、皿もバケツも体も、みんなこれで洗う。きっと他の石鹸や洗剤に比べて泡切れが良く、水をたくさん使わなくて済むからだろう。私もこれを使っているが、事実だ。

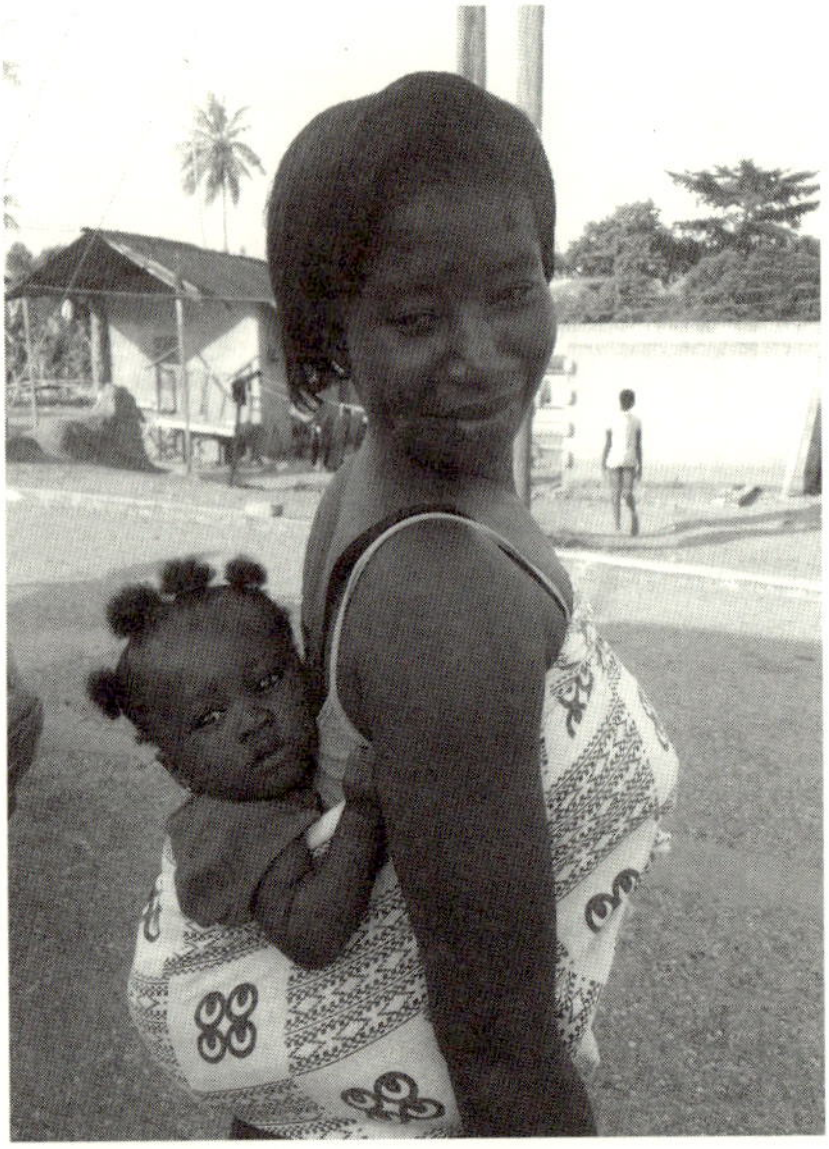

布一枚で赤ちゃんを背負います

そして、ガーナ人は赤ちゃんを上手に布一枚で背中に背負う。赤ちゃんを背負うことで両手を自由にし、普段通りの作業ができるようにするためだ。背中に赤ちゃんを背負うので、ガーナ人のおしりは大きい！

何より私が一番、ガーナ人を尊敬するのは、彼らは本当にみんなガーナが大好きだということ。いつも神に感謝し、先祖に感謝して生きている。それがガーナの日々を平和に感じる理由だろうか。ガーナの文化は非常に興味深い。私も含め、多くの日本人には愛国心が足りないと思うことがあるが、先進国が途上国から学べることは、こんな身近からでもあるのではないかと思えた。

## ガーナの郵便事情

ガーナの郵便事情がよくわかる出来事があった。

至急、日本に送る書類があり、トロトロを乗り継いで30分かけてアシャンティ州オブアシという小都市（とはいえ、世界9位の金山がある！）まで行ってきた。

郵便局に着くと、「OBRONIが来た！」とガーナ人がいつもの大興奮で話しかけてくれ、どうすれば郵便を出せるかを教えてくれた。こういう誰にでも話しかけておせっかいをしたがる精神を最近の日本ではあまり見られなくなったので、とても新鮮で素敵に感じる。

ただ事務員はとんでもなく無愛想だった。

普通郵便なら、日本への到着まで3週間6セディ（約200円）かかると言われ、EMS（国際スピード郵便）だと1週間で到着するが120セディ（約4200円）だと言われた。

スピードは3倍なのに、コストは20倍か！

でも、背に腹は代えられないと、120セディ払ってEMSで送ろうと思ったけど、財布を開けてみるとお金が足りず、家まで取りに戻る羽目に。

郵便を出すだけでオブアシを2往復。途上国では、何をするにも時間がかかる。

帰ってきてからは農業エンジニアの担当の人と、農機について話をできた。とても有力な情報を得られ、オブアシ2往復の疲れも吹っ飛ぶようだった。

ただ相変わらず、停電と断水は続いていた。先日、水をたっぷり溜めこんできたので水は大丈夫。電気も、ランタンを使っていつも通りの生活だ。

ただ買ってきた8個のトマトは、冷蔵庫に保存しようと思ったら停電になったので、全部切って食べることになってしまった。一度に8個もトマトを食べたのは生まれて初めてだった。

## ガーナ人とキリスト教

今日は、乾季に水にアクセスできない農家を視察した。

道端で会ったおばあちゃんが「これから農園に行く」というので連れていってもらったのだ。「すぐそこだから」と、私もウキウキでついて行った。

でも、ジャングルを進むこと20分。まったくそれらしき場所は見られなかった。まさに「ここはどこ?」状態で、もしも置いて行かれたとしたら、確実に戻れない自信があった。

畑は本当に何もないところに拡がっていた。

おばあさんは普段から一人で農作物を育てており、乾季にはバケツで水を汲んで与えるそうだ。その様子も見せてもらった。

水を汲む、というと蛇口からバケツにいっぱいに溜めて持ち運ぶ、と思うかもしれない。事実、私もそう想像してしまった。まだまだガーナ人に近づけていなかった。

実際は農園から7分ほど歩いた坂道に川があり、そこから一杯汲んで、頭に乗せて農場へ持って帰る。農場までの戻り道も、坂を上り降りしなければいけない。

「これは大変ですね」と、私は息をつきながら言った。でも、おばあさんは「大変だけど、水を与えなかったらすべて枯れて、食べていけなくなるから」と、仕方がないようだった。もう少し楽に水にアクセスできたら、おばあさんの生活はどう変わるだろう。私にできることを引き続き模索しないといけないと思った。

日曜日にはまた教会に行った。

牧師さんが何を言っているのかはさっぱりだったけど、ガーナ人がとても真剣に神と向き合っていることはわかった。前日に同僚が1時間半かけて神について教えてくれた。「なぜ神を信じるべきなのか」「教会で集められたお金の使い道」「ジーザス・クライスト（イエス・キリスト）について」など、日本だったら聞き流してしまいそうなことを、たくさん教えてもらった。

ガーナ人は、お金持ちでも貧しい人でも、日曜には教会へ行ってお金を出す。先日であったジャングルのなかの農家のおばあさんのような人でも同じだ。

宗教に馴染みのない私にとっては、「お金がない」が口癖のガーナ人が教会ではお金をポンポン出すことについて「そんなことしてるからお金がないんじゃ……」と思っていたけど、彼らにとってはとても価値のある、必要なことなんだなと感じた。

さらに、とても素晴らしかったのが、教会で集められたお金の使い道だ。

教会で集められたお金は、住民の話し合いで、教育や保健、福祉分野に使われ、学校になったり病院になったりしている。ガーナ政府はお金がないから、国民が自主的にそういうことをしているのだそうだ。

やはり、ガーナ人とキリスト教は切っても切り離せないものなのだ。私も、その精神に寄り添ってこれから活動することに決めた。

## ガーナ人の主食から見えてくるもの

ガーナ人の主食の一つにバンクーというものがある。

キャッサバ（タピオカの原料）と発酵トウモロコシの粉にお湯を混ぜてひたすら練った、だんごのようなもの。

キャッサバ特有の独特の酸味があり、日本人は慣れるのに時間がかかると思う。でも、逆にこれをおいしく食べられるようになったら、もうガーナ人だ。何せ、これは彼らの常食なんだから。

ある日、アパートの隣に住む家族の子どもが、トウモロコシを粉砕しに店まで行くというので、ついて行くことにした。農機を見てみたかったのだ。


日本で言えば、パン屋に行ったり精米所へ足を運ぶようなイメージだろうか。でも、そんな身近にあるはずもなく、隣町まで歩かなければいけなかった。隣町の小さな店には、食品加工用の小さな機械が2台あって、機械を持たない住民たちがぞろぞろと加工してもらいに来ていた。

トウモロコシを粉砕して粉状にする機械と、キャッサバを砕いて塊みたいなものを作る機械が並んでいた。値段は、小さめのバケツいっぱいのコーン粒で50ペセワ（約18円）だ。


値段としてはお手頃で、機械を操作する専門のオペレーターにとっても電源を入れて材料を入れるだけの簡単な操作のようだった。

このような機械があって、しかもそれがさらに増えれば、多くの人が助かるのだろうなと感じた。

## 裕福な農家、一般の農家

どこの国でも同じなのかもしれないが、ガーナでも、お金を持っている人がより儲かる不文律のようなものがあるような気がする。

あるとき、先輩隊員に連れられて、農場&食品加工を行っている裕福な農家2か所を見せてもらえる機会があった。

そこは広い唐辛子ファームを持っていて、乾季にはポンピングの機械を近くの川へ接続して散水する。だから年中、農作物を育てられるし、時々、機械を貸すこともあるようだ。もちろん、貸し出しは有料。

他にも、食品加工用の機械があり、どれも比較的小型で、簡単な操作とシンプルな機能のものが多いようだった。ボタンを押して、穴にキャッサバを入れると、細かく砕かれて勝手にできあがるような感じだ。

「乾季の水へのアクセス」は、もしかしたらこちらの農業の人にとっては大きなキーワードなのかもしれない。

確かに雨季にはみんなが作物を育てられる。でも、どこも同じものを育てているので必然的に同じ農作物があふれ、供給過多で値段が安くなり、個々の農家の市場が小さくなる。売れる前に悪くなってしまうことも多く、結局、育てたものは自分たちで食べるか、大量に廃棄するしかなくなる。

一方で乾季は、水にアクセスできる人のみが作物を育てられるのだ。

唐辛子ファームの農家のようにポンプ機械を持っていたりすると、雨季同様に収穫することができ、多くの農家が収穫できず作物が少ないために、高い値段で売ることができる。さらに、その機械を貸したりして小金を稼ぐこともできる。必然的に、裕福になっていく。

もちろん、一般の農家も手をこまねいているのではなく、乾季に入る直前に農作物を乾燥させ、粉状にして保存・販売をしているところもある。ただ、手作業ために何日もかかってしまう。農作物が悪くなる前には終わり切らないので、必然的に廃棄は発生する。

ここでも、裕福な農家は食品乾燥機を持っていたりして、一瞬でそれが可能だ。

一般と裕福な農家で発生する、このあまりにもアンバランスな現状に、私は何かできることを考えないといけないと思った。

## ガーナ人とのクリスマス

日本で仕事納めと言えば、毎年28日ごろが定番。でもガーナでは、クリスマスになるころには〝お休みモード〟に入り、日本のような年末のバタバタとは無縁な生活になる。

私もそれに倣って、クリスマスは一緒に働いているオフィサーに誘われて、教会へ行った。日本では、クリスマス＝カップルや夫婦が祝うイベントのようになってきているが、ガーナ人にとっては、神とジーザス・クライストへの崇拝の日なのだ。

ガーナに来て3か月、任地に来て2か月が経った。私は2年しかここにいられないので、クリスマスを過ごせるのは今回と、あと1回だけだ。なるべくガーナ人の価値観と人生観に触れる2年間を過ごそうと思う。

私にとっての限界、それは言葉だ。

ここは日本ではないから、週1回ミーティングを開いて「じゃあ、みんなの意見を聞こうか」という場もなければ、「きっとこの人はこう考えているんだろうな」と察してくれたり、ニュアンスでわかってくれたりはしない。そう考えると、〝言わなくても伝わる〟日本の独特の文化は

畑をナタ一本で切り開く

すごい。

海外では、自分が見たいものや知りたいこと、調べたいこと、したいこと、提案を誰かと会話して伝え、自分でチャンスを掴んでいかないといけない。

任地に来て2か月。現状の私は、特に成果を残せているとは思っていない。先輩隊員が食品加工場を建てたり、ジャム加工の女性グループを作ろうとしているのを見たり、手伝ったりしているだけだ。

いつかは、それもそう遠くない時期に、私も主体となって何かをしないといけない。例えばマーケティングだったり、乾季に水にアクセスできない農家のサポートだったり……まだ、模索中だけど、あまり落ち込み過ぎず、大好きなガーナ人のために何かしたいと思う気持ちを大切に、活動していこう。

## ガーナ人と年を越して

2015年のラストに、普段はなかなかできない貴重な経験ができた。それは、ガーナでのクリスマスの晩餐での出来事だった。

ガーナ人にとって、クリスマスは特別な日。みんなで生きた鶏を買ってきて、自分たちで絞めてご馳走を作る。

私もそれに倣って、現地の人たちと市場へ鶏を買いに行った。車のリアゲートに詰め込まれ、袋からちょこんと首だけ出している鶏たちは、まるでこのあとの自分の運命を受け入れているかのように大人しかった。

アパートに戻ると、「今からカットするから見てごらん」と言われ、目の前で鶏が捌かれていく様を呆然と眺めた。赤い血の流れている動物が、自分たちのために殺される姿を見るのは、24年の人生で初めてだった。

鶏も自分が殺されることを理解しているのか、緊張で口を開けていながらも、鳴いたり暴れたりすることはなかった。大人しく毛を毟られ、首を差し出す姿が印象的だった。

「エフィアもやってみろ」と言われたけど、どうしても無理だった。

とはいえ、私は単純に「可哀想だ」と感じたり、「命をありがとう」という浮かれた気持ちになっていたのではなかった。

隣の家では、12歳の女の子がいつも鶏をカットしているそうだ。

自分にはとてもできないことを、ガーナでは自分より半分くらいの歳の子が日常的にやっているその現状に、もっと複雑な気持ち――うまく言葉にはできないけど、自分たちはとても大切なことをしているんだ、という気持ちになった。

私は日本に生まれ、とても平和で安全で、先人の方々が築いてきた素晴らしい国で大人になった。技術や機械に囲まれて、何をするにもボタン一つで便利に生活ができる。

でも一方で、自分が食べてるものがどのように口に入るのか、自分の安全のために誰がどんなことをしているのか、便利さの裏側にどんな不便さがあったのか、などの隠されたところを何も知らずに生きてきた。

もしかしたらこれは、ちょっと恥ずかしいことなのかもしれない。

ガーナに来なければ、多分一生、首を切られる瞬間の鶏の顔やビクンと動いた足、鶏から肉になったときの体の重みを知ることはなかっただろう。そしてこれはきっと、一生忘れないだろう。貴重な経験をさせてくれたガーナへの感謝と、改めてここへ来て良かったと思えた。

# 第3部

## 年始からの出張を終えて

年が明けて、２０１５年。年始から5日間の出張だった。

初日のアシャンティ州クマシにてＭＯＦＡ（食糧農業省）ディレクターとの面談から始まり、そのエンジニアとの面談、農機部品販売店の訪問、ＥＰＡ（環境保護庁）、トラクター修理店、チチマンの技術指導員が経営するトウモロコシ農家を訪れ、情報収集を行った。

他にもＪＩＣＡボランティアの私の担当者とも話をし、私に今後期待されていることの共有。現地の農家向けビジネスの市場調査や人脈作りを期待されていると改めて聞かされ、プレッシャーを感じながらも、期待に答えたいと思った。

出張の前に自分で調査をした段階で、乾季にも農家の人たちが水にアクセスできる環境を整えたほうがいいと感じていたけど、今回の出張でそれが人々に求められていることだと確信できた。特に5日間の出張でわかったのは、現地の人が欲しいと思っているものはたくさんあるものの、どれも高価で手が届かない値段だということ。

例えば農家の人たちに需要の高い農機は50~55馬力のトラクターや小型のイリゲーション・ポンプ、精米機、草刈り機、メイズ粉・キャッサバ粉・パーム油の加工機械、アボボヤと呼ばれる荷台付き小型バイクなどだ。

でもどれも、一般の農家が買うには価格が高すぎる。

精米機は日本製のものだと1万2000セティ（約42万円）ほどする。一人あたりの平均年収が2~3万円程度と言われる彼らにとって、いかに効果であるかがわかる。

MOFAでも、それらの機械を普及させたい意志があるようだった。でも、現状のMOFA所有の機械だけでは数に限界があり、民間企業や個人の協力が必要だということも聞かせてもらった。

恐らく、ガーナ国内で売っている簡易農機を買って「1回の使用でいくら」で利用できる個人ビジネスを始めても、とても高い需要が見込めるだろう。そのくらい、こちらには需要と供給のバランスが合っていない。

日本から、わざわざ質のいい日本製品を輸入しなくてもいい。むしろしないほうがいい。日本製は品質も性能も抜群だが、故障してしまったとき、こちらにはスペアパーツがない。つまり、修理ができないから。結局、安くて修理しやすい中国製やインド製のほうが、需要が高いことになる。

それはこちらの農家の人たちが、自分たち用や貸し出し用の機械を購入するときも同じだ。

そこに、私なりの強みや付加価値をつけられたら良いと思う。

今後は、ガーナの生活に密着しながら双方がＷＩＮ―ＷＩＮになれるビジネスを考え提供していくこと、密着しながら、密着して生活しているからこそ見えてくる隠れた需要を見つけていこうと思った。

## オフィサーたちを味方につけて

出張から5日ぶりに任地のフォメナへ戻ると、やっぱりというか何というか、いつもの停電と断水になっていた。

当然、掃除もできていなかったので部屋中が黄砂だらけで、くしゃみが止まらなかった。こちらでは、毎日の掃除は必須だ。

500メートル先の井戸に水を汲みに行き、頭に乗せて運んで帰る日常に戻ってきた。でもなぜか、出張先のホテルにいるより居心地が良いような気がした。

停電でパソコンも使えなくなったので、自分の今後の活動についてやりたいことを整理することにした。

仲良くなったオフィサーが「アクション・プランを書いて、やりたいことを教えてよ。自分たちもエフィアの活動の手助けができるから」と言ってくれている。

正直、最初はオフィサーより、やる気のある農家の人をパートナーにしようと考えていた。私はこれまでに、彼らが働いている姿をほとんど見たことがなかったからだ。

でも話を聞いてみると、ガーナ政府が農家を巡回したり、彼らの仕事に必要なガソリン代を払わないので何もできないらしかった。日本人の感覚からすれば「何だよ、その理由」と思うかもしれない。

私も最初はそう思った。

でも、こちらに来て数か月が経ち、彼らと仲良くなっていくなかで、彼らの一面しか見ずに「政府機関で、お金に困ってないから真剣さが足りないんじゃないの」と判断してしまっていたのは間違いかもしれないと思うようになっていた。

もしもオフィサーたちが私の活動を手助けしてくれるとしたら、本当に力強い。移動手段さえ確保できれば、彼らは一緒に活動してくれるだろう。

「エフィアのプランを教えて」の一言で、私のオフィサーたちに対する考えがガラっと変わるきっかけになった。不思議なものだ。同時に私自身も、何に悩んでいるのか、何を考えてオフィスに来ているのか、を彼らにあまり伝えてなかったと反省した。

私はもっと発信すべきだ。

「農家のことはよくわかってないし、現地語もわからない。でも、現地の問題を見つけたいから、力を貸してほしい」と。

誰かに助けを求められるということも、人を巻き込む大切なスキルだったと思い出させてもらった出来事だった。

## やるべきことが見えた日

1週間ぶりに断水が終わり、ようやく水のある生活が戻ってきた。またすぐに井戸水生活になるのは予想しているが、それでもうれしい。

テンションが上がって、隣の部屋の8歳の男の子の前で着替えると、「もしも男の人がいたら、着替えちゃダメだよ！」と忠告された。

しっかりしてるなぁ。


いつも農家に連れて行ってくれる技術顧問の人にアクション・プランを話した。自分の考えをアウトプットするのは、とても大切だ。彼と話しているうちに、自分がこれからすべきことがより明確になっていった。

これまでは、例えばオレンジ農家の人たちが机にオレンジを並べて、客をダラダラと待っているのを見ているだけのことが多かった。先輩隊員はそのオレンジを加工し、付加価値をつける活動をしている。私にはまだ、できることがなかったからだけど、先輩に比べて私は何もしていないに等しかった。

でも、アクション・プランを書くことで頭が整理され、さらに話をすることでブラッシュ・アップしていくうちに、私はオレンジ農家だけでなく、農家グループを組織化して、収穫物のマーケットを作ることを活動にしていこうと思うようになった。

話を聞いてみると、組織化された農家グループはいくつかあるようだけど、ほとんどが収穫前の耕作準備や積立金のためのグループのようで、私が考えているようなグループはないみたいだ。チャンスかもしれない。

常に農家が困っているのは、「収穫物が売れない」ということだと思う。

これからはそれを中心に調べて、農家グループを造り、マーケットへつなぐ役目を果たそうと思う。技術顧問の人も「農家の人たちが君に会いたがっている」と、さっそくスケジュールを調整してくれた。私も仲間に「あなたの力が必要なんです」と言えた。成長だ！

## ガーナ日本人会にて、久しぶりに日本人との交流

週末、首都アクラへ移動してガーナの日本人会に参加。日曜には任地のフォメナに戻る、というバタバタなスケジュールだが充実した週末を過ごすことができた。

日本人会では、ガーナに支店を出している日本の民間企業の方々がたくさんいて、さらに旦那さんがガーナ人でガーナに住んでいる女性とも、限られた時間ではあったけど、交流することができた。

自己紹介のときに、中古自動車部品を海外に輸出している日本の民間企業に勤めていて、ボランティアで来ている、ガーナで新しいビジネスを始めたいことを発表すると、事前に民間連携ボランティアの噂を聞いていた日本人会の会長と民間企業の人から「会宝産業さんだと思ってたんだよね！」と声をかけてもらえた。

広い世界で私を見つけてもらえたような気持ちになった。


そして日曜日にはフォメナに戻った。

日曜日だからみんな教会に行っていたためバスに誰も乗って来ず、出発までの4時間をひたすら暑い車内で待つ羽目になった。結局、アクラの寮を出てから部屋に帰りつくまで9時間半。帰ったときにはヘトヘトになっていた。

## ようやく、活動らしい活動ができる

フォメナに戻った翌日、任地付近で行われるＮＧＯのイベントに参加した。数日後にまたアクラで隊員総会があったため、本当なら戻らずに滞在する選択肢もあったんだけど、今回は戻ってきたことが功を奏した。

ＪＩＣＡボランティアの隊員として、活動らしい活動ができたからだ。

同期隊員が所属するＮＧＯでは、産品ごとに農家グループを組織して、パッキングなど、農作物をきちんとした「商品」に仕上げるトレーニングを行っている。

スタッフのお姉さんと仲良くなって通訳をお願いし、米農家のグループに組織について話を聞けた。規模や活動、問題などについて、これから私が農家グループを組織していく上での大きなヒントが得られる機会となった。

これまではつたないＴＷＩ語と英語でコミュニケーションを図っていたけど、やっぱり通訳がいると結果が違う。誰かに協力してもらうことは必須だ。

もう一つ、フォメナのボディサンゴ地区へ、技術顧問の人と一緒に行ってきた。そこでも米農家グループに会い、問題について話した。

問題は大きく分けて３つ。「種・除草剤・肥料などの資金がないこと」「機械がないこと」「確実なマーケットがないこと」だった。その内、種・除草剤・肥料の問題は、「グループで銀行口座を作って、みんなで少しずつお金を出せ合えば解決できるのではないか」と私が提案した。「技術顧問が今週の金曜日にまた来るから作りに行こう」と、一つ目の問題はその場で解決。これから私のコミュニティをマーケットにつなぐ活動の第一歩となった。

この2日間で、やっと活動らしい活動ができて、正直ホッと胸をなで下ろす気持ちがした。「移動に1日かかってもフォメナに戻ろうとした私は、やっぱり本当に働きたかったんだな」と実感できた。日本にいるころとは働き方も時間の概念もまったく違うガーナに、心のどこかでもどかしさを感じていたのだろう。とても充実した数日を過ごすことができた。

## JICAとPEACE COOP

週半ばに再びアクラへ行って、JICAの隊員総会に参加した。アメリカ版JICAでもある「PEACE COOP」とのコラボ企画で、何人かの隊員が活動内容を発表した。

PEACE COOPは幅広いボランティア活動をしていて、お金も使う。JICAが草の根運動型、自立支援型の援助傾向にあるのに対し、PEACE COOPは成果が目に見える活動をしているのが印象的だった。

カシューナッツの実でジャムづくりをしている人や、灌漑技術（田畑に水を引く技術）を教えている人もいて、とても興味深く、このタイミングでの交流できたことをラッキーに感じた。

私はと言うと、結局、現地の人たちの自立を支援するやり方で勝負するしかない。その方法としてのマーケティングなんだけど、状況は思ったよりも複雑だった。

ガーナの農家の人たちも、自分たちの農作物を売りたくないわけではない。むしろ売りたいと思っているし、自分たちが食べる分以外は売る以外にどうしようもないこともわかっている。

でも、複雑なのはそのマーケットの現状だ。

毎週、マーケット・ウーマンがマーケット・デイ前日に買い取りに来るので、売る場所はある。でも値段などに一定の基準はなく、すごく安い値段で買われることも多いそうだ。

それなら自分で売ればいい、と思うかもしれない。

でも、農家の人たちは自分で売る販売網も持ち合わせておらず、結局、腐る前に売るために、相手の言い値で売却することになる。自分で行商に行っても、買う側からの値段交渉などのリスクがあるため、結局はマーケット・ウーマンに依存する形になるのだそうだ。

この状況のなかで、どのようにコミュニティと市場をつなぐかが、今後の私の課題になるだろう。

## アクラで得た充実

首都アクラでの最後のイベントは、副大統領への表敬訪問だった。

アクラでも特に目立つ「FRAG STAFF HOUSE」という大統領官邸に隊員一同が集い、表敬訪問をした。

ＪＩＣＡの隊員でもなければ、このような機会はなかっただろうから、とても幸運だったと思う。

一人ひとり自己紹介する時間があったので、名前と職種と任地を現地語で言うと、副大統領はとても喜んでおられた。

たくさん人がいるなかで、初めて会った人に、短い時間でインパクトを与えるのはとても大切なこと。特に私は現職なので、どこに何のチャンスが眠っているかわからない。興味を持ってもらえるよう、これからも自己ＰＲ力を磨いていかないといけない。

副大統領は、「野口英世の研究から始まる日本のガーナへの貢献に感謝すると共に、今後も両国の友好関係を持続させたい」と言って締めくくった。そして、ＩＳＩＬ（イスラム国）にて犠牲になった二人の日本人のために、追悼の時間も設けてくださった。とても素晴らしい人格者だと思う。

翌日、フォメナに戻ると隣の部屋の一家がとても喜んで、歓迎してくれた。

アクラでいろいろなものを食べて一時的な食欲もすべて満たされたし、隊員総会のプログラムや副大統領への表敬訪問など、とても充実した数日間を過ごすことができ、私は大満足だった。

ただ戻ってすぐに、隣に新しく建つ家のために、ウチと隣家の水道パイプが切断されてしまった。

こういう〝あり得ない事態〟は相変わらずガーナでは日常茶飯事だ。明日から毎日、井戸に水を汲んで頭に乗せて運ぶ生活が始まる。

でも、今ならどんな状況も受け入れられそうだった。

## ジャムパン販売リベンジ

食品加工を行っていた先輩隊員が、来月で帰国することになり、その後は新隊員である私が引き継ぐことになった。単に引き継ぐだけではなく、それを発展させていくのが、役割の一つだと思っている。食品加工場も完成した。先輩の活動は確実に実を結び始めている。

引き継ぎも兼ねて、先日のFARMER'S DAYのリベンジ的にジャムパンの試験販売とアンケートを行った。

先輩隊員と私のホストマザーが50ペセワ（約18円）と1セディ（約35円）の二種類を作った。FARMER'S DAYのときよりもジャムの量を増やし、市役所や銀行や保健所などの比較的お金を持っている人たちがいるところを中心に訪問販売した。

FARMER'S DAYでは、三種類用意して、最も売れたのが一番安いものだった。そして今回も、やっぱり注目を集めたのは安いものだった。

結果としては「手ごたえ」と「課題」の両方が得られた試験となった。

手ごたえは、ジャムパンそのものが好評だったこと。

そもそも「ジャムパンって何？」という人が多かったけど、誰かが買ったものを分けてもらうと、おいしいからと自分も買う――そんなシーンが何度もあった。

これはつまり、知ってもらえさえすれば売れる、人気が出る可能性が高いということ。

一方で課題は、アンケート結果で「ジャムが少ない」という意見が多かったこと。FARMER'S DAYのときより増やしたのに、それでも少ないみたいだった。

試しに自分でも買って食べてみたけど、確かにジャムが少なく、何もついてないパンのほうが大きかった。ホストマザーにもアンケートを渡して、もう一度このことについて話し合おうと思った。

ただ、改善もしやすく、前向きな課題だったので、私の活動にも幅が出そうな気がした。

## 何かが動き始めた日

何かをきっかけに、物事がうまく回り出すというのはよくあること。

ジャムパンの試験販売で前向きな課題が見えて間もなく、以前、私が初めてＪＩＣＡ隊員としての活動らしい活動だと感じたフォメナのボディサンゴ地区の米農家グループにも、進展があった。

初めて彼らのところを訪れたときには、「種・除草剤・肥料などの資金」「機械がないこと」「確実なマーケットがないこと」という3つの問題があった。

一つ目の問題は、みんなで共有の銀行口座を作り、そこに少しずつお金を集めるアイデアで解決。あと二つは何年もかかるだろうなぁ、というのが印象だった。

でも今回、オフィサーとの話し合いのなかで、「米農家グループが機械を買う計画を具体的に進めている」という話を聞いた。

「計画はいいけど、何年もかかるだろうから、先は長いだろうなぁ。それまでみんなの気持ちが続くといいけど」と思ったけど、オフィサーの話を聞いてみると、それほど非現実的な話ではないかもしれなかった。

例えば、一つの米農家グループの10世帯あると仮定して、毎月5セディ（約175円）を資金として貯めるとする。すると、「5セディ×10世帯×12か月＝600セディ（2万1000円）」になる。

以前に訪れたとき、彼らは「米の脱穀機が欲しい」と訴えていた。脱穀機の値段は知らないが、例えば灌漑用ポンプなら950セディ、ミニジェネレーターなら750セディで小型のものが1～2年で買えることになる。

彼らの行動を支援できるよう、さっそくオフィサーを介して農家グループに会えるよう、連絡を取ってみようと思った。

ここ数日、充実した日々を送れている。

土曜日は職場近くにある靴売り兼へア・ドレッサーのマダムの結婚式に行った。日曜日は彼女と教会に行ったあと、隣人の教会をハシゴした。夜は停電のなか、ジェネレーターのあるガソリンスタンドに集まってみんなでガーナ対コートジボワールのサッカー試合を見た。大量の人が集まっていて、夜なのにお祭り騒ぎでうるさかった。

少しずつだが私もガーナに慣れて来て、こちらでの活動も軌道に乗り始めている気がする。帰国までまだ1年半以上あるし、トラブルが起こらないはずはないし、何か結果を残して帰らないといけないけど、気持ちは前向きだ。

大丈夫、きっとうまくいく。ガーナの素敵な人たちを見ていると、なぜかそう思える。そんな気にさせてくれる、ガーナ人たちなのだ。

## 神様がくれた、マイケル君との出会い

ガーナに滞在していた期間で、特に私が価値のある行動をできたと自負できる出来事がある。それについて、書き残しておこうと思う。

事務所に誰もおらず、私が一人で作業をしていたある日のこと。いきなり事務所に入って来た見ず知らずのおじさんが、やたらと陽気に私に話しかけてきたところから出来事は始まる。

「こんなところでＯＢＲＯＮＩ（白人）が何をしてるんだ？」

おじさんの名前は、ボーツさん。フォメナから30分くらいの距離の村から、相談事があってここにやってきたみたいだった。

コミュニティ開発のボランティアで来ていることを私が伝えると、彼は「ぜひ助けてもらいたいことがあるから、自分の村に来てほしい」と言う。どうしても見せたいものがある、とのことだった。

またいつものが始まった……と私は思った。こちらでは肌の白い人は一様にＯＢＲＯＮＩとして見られ、お金を持っていると思われる。これまでに何度も「子どもが病気だから、お金を恵んでくれ」と言われたことがあり（それが事実はどうかはわからない）、「私はＡＴＭじゃありませ

教会で一緒に過ごした人々

んよ」といい加減うんざり気味だったのだ。

ボーッさんは陽気でおしゃべりな人だった。ただ、真剣に訴えている様子だった。その様子に、半信半疑ながらも、私は村に行ってみることにした。


村にいたのは、光のない目をした少年のマイケル・コフオ君だった。

彼の服は、まるでさっきまで水遊びをしていたかのようにベチャベチャに濡れていて、私が握手しようと手を出すと、申し訳なさそうに手を出すのだった。

彼の手を握ろうとしたとき、公衆トイレのようなキツいアンモニア臭が鼻を突いた。彼の服が濡れていたのは、水ではなくおしっこによるものだった。

聞けば、彼は2歳の頃に排尿ができなくなって、手術で一時的にお腹に穴を空けられてからというもの、ずっとそこからおしっこが漏れ続ける生活を余儀なくされてしまったそうだ。

止めどなくおしっこが流れ続けるので、ベッドに寝られず床に直接寝る生活。一晩で、バケツ1杯分くらいのおしっこが部屋に流れてしまう。ぐっすり寝たことはおろか、学校にも行けない生活を12年間。14歳まで続けてきたという。

驚いたのは、それだけではなかった。マイケル君は14歳にしてはあまりにも小さかった。身長155センチの私の胸のあたりまでした背丈がなく、ほとんど小学校低学年くらいに見えた。ずっと部屋のなかにこもり、太陽の光を浴びない生活をしていたため、こんなことになってしまったのだ。

「またATM代わりにされる」と思っていた私の心は、この悲しみに満ちた少年の美しい瞳と、彼を取り巻く環境を知った瞬間に大きく傾き、やがて彼の人生を助ける覚悟へと変わった。

病院へ連れて行くために、まず保険証を作るところから始めた。ボーツさんが新しい服とおむつを買ってきて、マイケル君の支度をした。おしっこが垂れ流しなので、服は一着しかなかったそうだ。

着替えた彼は普通の男の子と変わらない少年になった。初めての外出で、周りのものによほど興味があったのだろう、マイケル君はずっとキョロキョロしていた。その姿を見て、当たり前に健康であることがどれほど恵まれたことなのかを感じ、涙をこらえながら「彼の人生を絶対に変えてみせる」と心に誓った。

ＪＩＣＡの保健担当のワンゾーさんと、私の活動の担当の加藤さんに情報をもらい、泌尿器科のドクターのところへマイケル君を連れて行った。この二人には、その後もずっとご支援いただくことになった。

ドクターからは「これはよくあるやつだ。手術して穴を塞いで尿道を貫通させたら治るよ」という答えが返ってきた。まずは一安心。そのドクターに推薦状も書いてもらい、手術ができる一番大きな国立病院を紹介してもらった。

その国立病院は、かつて野口英世氏が黄熱病の研究をしたコレブ病院。

ところが、期待に胸を膨らませて行ってみると、庭に注射器が落ちてるし、順番待ちの患者たちは床に寝そべっているし、看護師は怒鳴り散らすのが当たり前だしで、ひどい状態だった。

「これがアフリカの医療か……」と実感した。

やっと入院と手術の段取りが整ったかと思うと、私と変わらないくらいの若い青年が、チューブをマイケルのお腹の穴にぐりぐりと突っ込み始めた。麻酔もなし。当然、激痛でマイケル君が

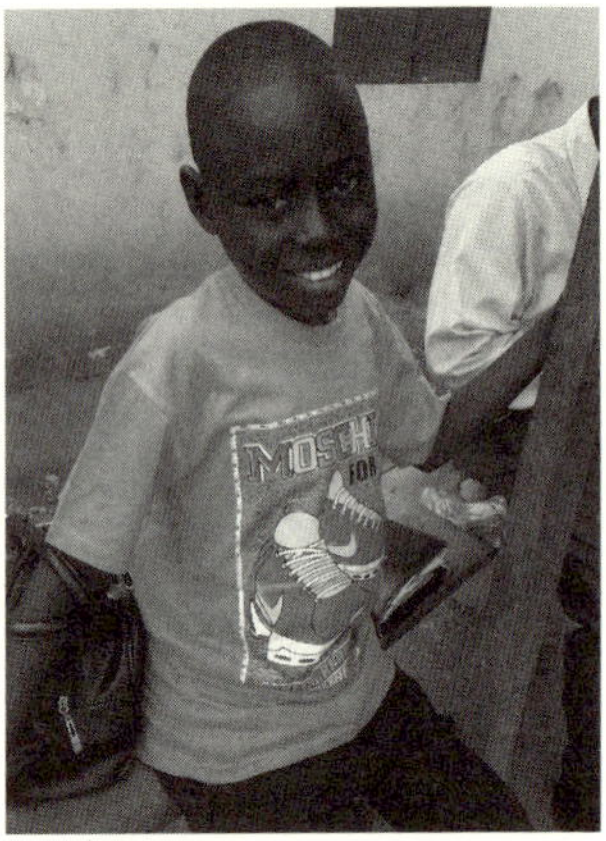

マイケル君

暴れ始める。すると今度は3人の看護師がマイケル君を押さえつけた。どうやら青年は医者ではなく、医者見習いのようだった。

応急処置か何かのつもりだったのか、それが終わると私たちは一旦待合いに出され、「医者が来るまでここで待っておけ」と指示を受けた。「どのくらい待てばいいの？」と私が聞くと、「いいから待っとけ！」と怒鳴り散らす始末。でも結局、その日はドクターは来なかった。

「明日、ドクターが来るからまた来てくれ」

そう言われて渋々帰ることにし、翌日また病院へ向かう。でも来るはずのドクターは翌日も来なかった。驚くかもしれないけど、これは事実。他にも、驚いたことはここに書ききれないほどある。

結果的に、マイケル君は手術を受け、退院することができた。完治するまでに6週間もかかり、1〜2週間くらいだと考えていた私の予想を大きく上回ったけど。

生まれ変わった彼は、生まれて初めての学校へ通うようになり、勉強をがんばって、やがてクラスで一番の成績を取った。長い引きこもり生活でもともと外の世界に興味があったためだろう、まるでスポンジが水を吸い込むように、彼はメキメキ成長して行った。

成長したのは学問だけじゃない。体も大きくなった。初めて見たときは小学校低学年に見えたのが、すくすくと成長して１４５センチくらいにまで伸びたと思う。実は、彼の手術は日本円で19万円ほどかかった。それを私は、ワンゾーさんと加藤さんからの支援を受けて自腹で支払った。

この、彼を見た瞬間に考えを決め、絶対に助ける気持ちで行動できたことだけは、私の人生で最も価値のある行動だったと誇れる。

きっと神様は、何かの理由があって私とマイケル君を引き合わせてくれたんだと思う。なぜなのかはよくわからない。でも、深く感謝した。

# 第4部

## 1年を経て、成長した（?）エフィア

あれから1年くらいの月日が流れた。

年をまたいで２０１６年に入り、私はすっかりこちらでの生活にも慣れ、現地語のＴＷＩ語もある程度まで聞き取れたり、会話も意思疎通が可能なレベルにまでなっている。

停電や断水は相変わらずだけど（とはいえ、２０１６年は停電が少ない。大統領選があって、がんばっているからか？）慣れたものだし、この前なんか、雨の影響で部屋に大量のヤスデが発生したのに、意外と平気だった。もちろん、ゾッとするくらい気持ち悪くていい加減にして欲しいけど、一日25匹ほどをトイレに投げ捨てるだけのたくましさは身についた。

何と言うか、目の前に立ちはだかる現実に、怯えることなく対処できる人間になれたというか。

活動としては、先輩隊員から引き継いだジャムパン・ジュースづくりと、米農家の支援を続けている。

少なくともジャムパンビジネスは、帰国までに何とか形にしたい。ゴールは、彼らが自立して継続していけるようにすること。まだまだ課題はあるけど、同時にやり甲斐も感じている。

先日、近くの私立アマース高校に住む友人（こちらで知り合った仲の良い人）のところへ行ったときには、彼からたくさんのアドバイスをもらった。

「1セディのものだけでもいいんじゃないか?」「ジャムも一緒に売ったらいいんじゃないか?」「もっと保存が効く方法を考えたほうがいいんじゃないか?」などなど。

特に保存に関しては、これまでずっとナチュラルにこだわってきた自分の意識を改めさせられた。食べ物なら、できるだけオーガニックでナチュラルなものがいいように思うが、ガーナはまだそんな段階ではない。冷蔵庫が常備されていて、保存が簡単にできる環境ではないのだ。

アクラ市内のスーパーなどを中心に、ペクチンなどの食品添加物を探したけど見つからないので、学校の理科の実験で使っている薬のルートから探そうと思う。

ペクチンが手に入ると、今まで長時間煮詰めて水分を飛ばしていたのと同じ量のジャムを保てるので、かなりコスト削減ができる。さらにクエン酸も手に入れば、一定期間保存できるのでお客さんも買いやすいだろう。

商品サンプルを持っていった高校にフィードバックを求めに行くと、なかには「まぁ、普通のパンとジャムだね」という感じの人もいる。そんなときでもショックを受けず、「味おんちの人もいるよね」くらいに受け止められるようになった。

何かをやろうとすると良くも悪くもいろいろな意見が出るもの。信念と柔軟性を持って続けていくことが大切かと思う。

こういう切り替えの早さも、こっちで身についたのかもしれないな。

## コスト問題で試行錯誤

後日、ジャムを一人で作ってみた。翌日にはオレンジジュースも一人で作ってみた。味は好評だったけど、その分、コストがどうしてもかかってしまった。

例えば、50％のオレンジジュースを作るとする。

オレンジ20個、砂糖の小袋が二つ、ペットボトルが5本。合計で5・5セディほどのコストがかかる。一本、1・1セディだ。商品化を考えると、ここにラベル代やガス・水道代などを加え、2セディで売ることになる。日本円で言うと、50円くらい。

オレンジジュース５００㎖で50円は決して高すぎるわけではない。でも、こちらのマーケットは小さい。

価格はかなりの問題で、ジャムパンですら２セディではなかなか売れなかった過去がある。だからジュースで２セディは、ほとんど出さないと思われる。

もっと小さいペットボトルを使用して安く売るか、現地で馴染みのビニールに入れて、小さく売るかを考えたほうがいいのかもしれない。

せめてもの救いは「味は最高！」なこと。改善の意欲も湧く、というものだ。

週末には、マダムとジャムパンの材料を買い出しに。日本でも同じだけど、ちょっとずつ買うより、まとめて買ったほうがコストはかからない。

小麦粉50kg（１３２セディ）、マーガリン20kg（１４４セディ）、砂糖50kg（１２５セディ）、粉ミルク10袋（35セディ）、そして化学品の店で見つけたクエン酸１kg（80セディ）とペクチン１キロ（１３０セディ）などを一気に買った。高かったし、重かった……。

そして販売人に聞いた情報とインターネットで調べた情報を合わせて、添加物を入れたジャムにトライしてみた。

結果から言うと、ペクチンを入れすぎてコストＵＰ、クエン酸は少しの量でも必要以上に酸っぱくなってしまった。ジャムにクエン酸は入れないことと「ペクチンを加えるときは少量ずつ」と言うのが反省点だ。

ジャムづくりもジュースづくりも試行錯誤の日々が続いている。

でも販売してくれる学校が二校になったので、他の先生やスタッフにも宣伝すべく、ジャムパンを作って、配布してもらうようお願いができた。来週からは、ついに学校での試験販売も始まる。少しずつだけど、確実に進んでいる感があった。

## 久しぶりの日本との交流

試験販売を目前に控え、日本大使館主催の交流会に参加するために首都アクラへ向かった。日本人会会長であり、ガーナのツアーなどを請け負っている会社「ヨシケントラベル」の田村さんへのあいさつに会社へ寄ると、とても歓迎してくださり、先日の撮影の話やビジネスの話などができた。

「俺は、あんたのとこの会長が大好きなんだ〜！」と言ってもらえ、自分のことのようにうれしかった。今回のアクラでは、たくさんの人に会えたわけではないけど、少しずつコネクションを増やしていけたらと思う。

日本大使館には専属の日本食シェフがいて、寿司や刺身、お雑煮、煮物……ととても豪華な品ぞろえ。私も含めたＪＩＣＡの隊員やスタッフが、我先にと群がっていて、笑ってしまった。感動と久しぶりすぎる日本食で、喉も胃も、なかなか通ってくれなかったのがもどかしい。

翌日はバスで任地フォメナへ。やっぱりアシャンティ州に向かうバスはいつも騒がしく、みんな私に構ってくる。１年前は正直うっとうしかったこの光景も、今では逆にないと物足りなくなってしまっている。

私、すっかりガーナ人になっちゃったかな？

## 人生のスパイス？　最高にガッカリしたこと

ジャムパンビジネスも確実に進んでいる感覚があり、個人的にもかなりガーナ人感覚に馴染んできて、残りの半年近くを今まで以上に有意義に過ごせそうだと感じていたタイミングで、最高にガッカリしたことが起こった。

ずっと温めてきた、アマース高等学校でのジャムパン販売が不可能になったのだ。

理由は、副校長の奥さんがすでに学校で食パンを売っていたから。

「だから、何？」と思ったけど、それが通じないのが日本とは違うところ。契約書にサインもしたのにこんな事態となり、正直、かなり腹が立った。


これまでに売店管理のトップの人とも何度も打ち合わせを重ね、学校側からレターを出すように言われたらすぐに作成して提出。校長、副校長ともに目を通し、サインも受け取り済みで、販売可能の確約もすでにもらっていた。

当然、こちらは売り子のおばちゃんも確保し、「来週から売ろうね！」と決起集会。

よりたくさんの人を巻き込むために、スタッフ全員に試食用1セディ分のジャムパンを大サービスでプレゼント。しかも感想は「みんな、おいしいとすごく喜んでたよ。あとは副校長が電話くれるみたいだから、待っててね」と順風満帆。

そして、かかってきた電話が、やっぱり販売は受け入れられないという返事だった。私だけじゃなく、周囲の人全員が唖然としたのは言うまでもない。

「最初からパンを売りたいって言ってたよね？」「サインもしたんだよね？」「なんでこのタイミ

ングで言うの？」という困惑でいっぱいだった。

私は一人、腹を立てていた。

でもそれよりも、ずっと助けてくれていたアマースの売店管理のトップの先生が、本当に申し訳なさそうに「力になれなくて申し訳ない」と落ち込んでいるのを見て、怒りがスッと引き、代わりに心苦しさが湧き上がってきた。

もっと心配だったのは、マダムだ。マダムは今回のことをすごく張り切っていたので、この結果を聞いたら、きっとイライラとストレスでまた血圧が上がるんじゃないかな。まだ言ってないけど、どうやって伝えよう。


フォメナへの帰り道の私の足取りは重かった。

ただ、ずっと落ち込んでいても仕方がないのもまた、事実だった。これも、長い人生のスパイスのようなものだと割り切って、次へ進もう。例えば教会で誰か売りたい人がいないかな？　アナウンスしてみようと思った。

## 私とマダムの〝許容範囲〟

第1回ジャムパンビジネスは散々な結果に終わった。とはいえ、ジャムパン自体は効率的に失敗なく作れるようになっている。あとはいかに続けていくか、そして働き手を探すことだ。

でも、パンにはさむジャムづくりは相変わらず難航していた。

今まではジャムがなかなか固まらない問題が大きかったけど、それは浮いてきた水分を取り除いてジュースに混ぜることで解決。時間と不要な水分をカットでき、さらにジュースの味も良くできる一石二鳥なアイデアだった。

どちらかと言うと問題は、ジャムの保存に関してだ。

作っているマダムからは「冷蔵庫に入れると水分が入りこむので嫌だ」と言われた。

「じゃあ、どうするの?」と聞くと、「その代わり、2日間に一度、火を通してるよ」と言われて見せてもらったジャムは、泥みたいな色だった。しかも「色は良くないけど、味はおいしいし、このまま売るよ」と言う。

さらにカビが生えてしまったジャムを見て、私が「これはもうダメだね」と言うと、「表面だけ取り除いて火を通したら、すべての菌は死ぬよ!」と強気な発言。

驚いたというか何と言うか、私とマダムの間の〝販売可能な許容範囲〟に大きな差があることを思い知らされた（カビたジャムはもちろん棄てた）。

このままでは埒が明かなかない。面倒だけど、販売からではなく保存の時点からビンを使うのがいい、という話になり、急遽、ビンを買いに行った。

アツアツのままビンにすばやく詰め、ふたギリギリまでジャムを詰めて空気の入る隙間をなくす。ふたを固く固く閉め、ビンごと20分ほど煮沸すれば、なかの菌もすべて死に、無添加のままでも1年もつ――食品加工の先輩が言っていた。

先輩のアイデアを引き継ぎながら、一つずつ改善して、持続的なビジネスにつなげていこうと思った。

## マダムの息子、突然ワガママを言い出す

「一難去ってまた一難」とは、まさにこのこと。

ようやくジャム問題に進展があったかと思えば、今度は別のところで火が吹いた。

実は最近、マダムがずっと息子の文句を言っていた。

「私が投資したのに約束のお金も渡してこない」

「私が病気の間に滞納していた電気・水道代を私に払わせようとしている」

「置いておいた100セディが誰かに盗られた。あのとき、家には息子しかいなかった」

などなど。関係もあまり良くなかった。

息子はジャムパン用以外に普通のパンも作っていて、機械も動かしている。その息子が、最近ではパンを焼かない日が続き、そのこともマダムには何も言わずに出かけたりしていた（要するに無断欠勤だね）。


そしてある日、マダムと私と息子と三人で会うことになった。

マダムは一連の不満を全部ぶちまけ、息子は面倒くさそうに聞き流している様子だった。結論として息子が言ったのは、「パンビジネスは小麦粉屋と車屋に全部お金が行って、自分に入るのは少しだけ。だからもう興味がないし、やりたくない」ということ。

正直、この子どものっぽさに驚いた。

仕事を辞めて、どうやって食べていくんだろう。残念ながらガーナは、その良し悪しは別として、親の収入で息子がニートになれるような安定した国ではない。年頃になったら、みんな働いてお金を稼がないといけない。

ただ、それは言えなかった。そこは私の入ってはいけない領域だし、強制できることではなかったから。

マダムと「今後、どうする？」という話になって、ジャムパンだけ続けよう、ということになった。ただ、息子が普通のパンを焼かないなら、かなりコスト的にムダが出てしまう。

ジャムパンだけのために機械を動かし、動かすために人を雇わないといけない。燃料も自分で買ってきて、壊れても自分で修理……ジャムパンだけのために、オーブンをスカスカのまま使うことになる。例えるなら、長距離バスに一人だけ乗せて走るようなものだ。

何でこう、次から次へと……私はため息をついた。また新しい問題の発生だった。

## 若手パソコン修理士イブラヒムとの出逢い

さらにトラブルは、周囲から私をジリジリと攻め立てるだけでは飽き足らず、直接的にもやってこようとしていた。徐々に近づいてきて、私の傍で爆発したイメージだ。

何かと言うと、調子の良くなかったパソコンが、ついに壊れたのだ。

原因はわかっていた。実は半年ほど前、うっかり落としてしまった。それからというもの、画面の一部が暗かったり、あるときなんか突然、画面が真っ暗になったりして、まったく安定しなくなってしまった。

そして、帰国までまだ半年もあるこのタイミングで、まったく光を発さなくなったのだ。

前に、農業機械貸し出しのビジネスをするなら、高価だが高性能な日本製より、安い中国製やインド製のほうがここでは向いている、ということをお伝えした。スペアパーツも直せる人も、見つけるのがかなり難しいからだ。

そこに来て、この「パソコン壊れた事件」だった。

私が持ってきたのは日本製（富士通）の新しいモデルで、高性能な薄型。首都アクラの大きめの店や、インド人が経営する店にも行ってみたけど、「パーツが手に入らない」と誰も真剣に取り合ってくれなかった。

仕方なく、付属のスクリーンの値段を聞きにいった。画面さえ代用できれば、何とかなると思ったのだ。

そこで、ミラクルが起こった。

スクリーンを見に行った店では、高校卒業したてくらいの少年たちがパソコンの修理をしていた。ダメもとで話をしてみると、「ボスなら直せるよ！」と言って紹介してくれた。彼はまだ27歳で、この州で店を持っている修理士で一番の若手だった。名前はイブラヒム君。

「スクリーンが割れてないなら、まだ直せるかもしれない」

彼はそう言って、私のパソコンを預かってくれた。

初めて見るマシンだからと、型式などをインターネットでわざわざ調べて修理に取りかかった。

「このマシンは普通のと違って、普通に分解するとバラバラになるから難しい」とか何とか。

今まで誰もこの面倒くさいパソコンを触ろうとすらしなかったのに、初めて直そうとしてくれる人に出会えて、感銘を受けた。多少、値段が高くてもイブラヒム君に任せようと思った。

ただ結局、パソコンは直らなかった。

イブラヒム君は、スクリーンを探し回ったりコネクターを買いに行ったり、あれこれと動いてくれたけど、有効期限の切れたＷｉｎｄｏｗｓの再ダウンロードができず、新しいパソコンを買わざるを得なかった。

でも、私は満足だった。彼は新しいパソコンを一緒に探してくれ、ハードディスクなどの取替えやデータのバックアップなどもやってくれたのだ。

ガーナだから多少の時間はかかるのは仕方がないこと。でも、お客さんの希望に応えようとしているイブラヒム君の姿は、本当に素敵だった。

トラブル続きで正直、ちょっとヘトヘトだった心が潤った気がした。

## 物事は、まるでオセロのように

不思議なもので、何か一つのことがうまくいくと、他も上向きになっていくことがある。

例えるなら、オセロの石が黒から一気に白になるような、そんなイメージ。「パソコン壊れた事件」でのイブラヒム君との出逢いをきっかけに、トラブル続きだった私の周囲も、少しずつ良くなっていった。


まず、ジャムの保存方法に関して。

ビン詰めして煮沸することで菌の繁殖を防ぎ、添加物なし・常温で保存するという方法の効果が出た。

ジャムを作って1週間以上が経ったけど、ジャムに変色なし、カビの発生もなしで、見た目と味の良さを保てている。

煮詰めまくって真っ茶色にして売るなんて、私には考えられない。とても自信を持って「フルーツから作った」だなんて言えない。今後は、このビン詰めを徹底してマダムとやっていき、マスターしてもらおう。

それと、マダムの息子に関して。

前に「やりたくない」と言っていた息子が、「やっぱりまた始める」と言い始めた。正直、１００％の信用はできないが、お金と物の管理をマダムがやることにして、合意したようだ。

マダムは人が良いので、ジャムパン販売用の車をローンで買うみたいだ。何にせよ、彼らが真剣にやるならビジネスもやりやすくなる。

売り子探しも、日曜日の教会を利用して人を探している。

教会が終わる直前に、みんなの前で話す機会をもらって、にこやかにあいさつをし（これ、実は結構重要）、売り子を探している旨を伝える。すると一人、二人と来てくれるのだ。あまり真剣さは感じられないのが玉にキズだけど。

以前、ジャムパンを売っていた若い子のところにも、マダムと一緒に遊びに行って、赤ちゃんが生まれたことに「おめでとう」を言うのと同時に、「誰か仕事を探してる人がいたら教えてね」という話もした。

こういうコネやツテが、もしかしたらガーナでは一番役に立つのかもしれない。

まだまだ予断は許さないが、これからもあきらめず、マダムとがんばっていこうと思う。

## 生まれた場所が違うだけで

ここのところ、良くも悪くもバタバタ続きで、ゆっくり心を落ち着けて何かを感じたり、考える機会が減っていた。

ジャムパンビジネスは、メインとなるマダムが友人の葬儀の準備で忙しく、一時的に停滞。マダムの息子の「辞める辞める詐欺」問題、私の「パソコン壊れた事件」こともあって心の休まるときがなかった。

他にも、その間に家の鍵をなくしたり、スマートフォンをなくしたり、と私自身もトラブル続き。幸い、鍵は窓から部屋に入って見つけ、スマートフォンは友人がたまたま拾ってくれて、無事に手元に。

この1年半、真面目に教会に通っていたから、神様がご加護を授けてくれたのかもしれない。

そんななか、ちょっと残酷で、でも感じる心を再確認させてくれた出来事があった。

パソコン修理士のイブラヒム君だ。

例の「パソコン壊れた事件」以来、私は彼とすっかり仲良くなり、いろいろと話をする仲になった。

その会話で、彼の住んでいる村にいる、盲目の少年の話になった。その少年は4歳のときに転倒して首を痛めて以来、まったく目が見えなくなってしまったそうだ。

イブラヒム君は、「いつかその子を助けたい」と私に話してくれました。

だから私も「そのときがきたら手伝うよ」と言って、一度会いに行くことにした。一緒に村まで行って少年に会い、病院に連れて行った。

どういう症状になっているのか、私にはわからなかったし、一縷の望みを願うばかりだったけど、ドクター曰く、彼の目はもう二度と見えることはないそうだった。

「神経が完全に壊死しているので、世界中のどんな医者も、彼の目を治すことはできない」

ドクターはそう言って、さらに「もしも怪我をした4歳のときに手術をしていたら、違う結果になっていた可能性もある」と続けた。

なんて残酷なんだろう。

もしも日本だったら……と思わずにはいられない。

もしもこれが日本の出来事だったら、すぐに救急車が駆けつけて病院に運んでもらえる。救急車のなかでも応急処置があるし、健康保険でさほど高額にならないから治療をあきらめる必要もない。医学も進んでいるから、治癒する可能性も高かっただろう。

生まれた場所が違うだけで、人生のこれだけの差が生まれてしまう。それは幸とか不幸とかでは言い表せない何かだ。

ドクターの話を聞いたイブラヒム君はひどく落ち込んでいたけど、あきらめた様子はなく、「彼のためにできることをしたい」と言っていた。私も一緒に考えて、彼が私にしてくれたように私も力になろうと思った。

## 村を出て、町へ出よう

かつて、イギリスの植民地として「イギリス領ゴールド・コースト」と呼ばれていた国は、1957年3月6日に独立し、ガーナ共和国となった。正式には1960年7月1日が共和国となった日だが、建国記念日となっているのは3月6日だ。

何かから抜け出し、新しいところへ行くのには勇気がいる。

私も1年半前に日本を飛び出し、このガーナへ来た。建国記念日から数日だったある日、ジャムパンビジネスもまた、新しく羽ばたこうとしていた。

きっかけは、ジャムパンビジネスを新たに手伝いたいという人の登場だった。

市役所で若い人が話しかけてきて、ジャムパンの話をした。すると、彼はとても興味を持ち、「自分も手伝いたい」と言ってくれたのだ。

彼はガーナの第二の都市クマシの出身で、クマシに帰るときに売りたいと言ってくれた。他にも、市役所でインターンをしている青年がジャムパンビジネスにとても興味を持ち、手伝いたいと言ってくれている。


正直なところ、フォメナというこの小さな村では、動くお金の上限に限界を感じていた。さらに、ちょっと言葉は悪いけど、怠け者であふれる感じに、ちょっと期待もできなくなっていた。マダムと話をして、村を脱出して町へ出ようという計画に変更する動きが起こり始めている。

クマシ出身の彼は、大学を卒業したてのサービス従事期間なので、ビジネスのチャンスがあれば加わりたい気持ちがある。私たちも彼も、ＷＩＮ－ＷＩＮな関係になれそうな予感があった。

## 村より町に可能性を感じる理由

小さな村では限界を感じることについて、もう少し詳しくお伝えしておこうと思う。

ジャムパンのサンプルを、私とマダムはフォメナの村や周囲の小さな町で、これまでに何度も配ってきた。実際に食べてもらって感想を聞くのだ。

ただ、どこに行っても結局は無料で食べておしまい。「おいしい！」とは言ってもらえる。「また連絡するね」とも言ってもらえる。でも、そのままのケースが多く、連絡すると言った人にこちらから連絡をしても、「検討してみるよ」「話してみてまた連絡する」のオンパレード。結局、こちらもコストばかりがかかって徒労感の連続だった。

ガーナの独立記念日に

そうこうしているうちに、クマシの彼と出会った。
彼との出逢いで、私とマダムのなかで、村々で小さな投資をして反応がないよりは大きな町で大きな投資をして、1件でも反応があったほうがいいのではないか、という話になった。
クマシとフォメナでは人が違い、店も違い、アクセスも違う。つまり、根本的にマーケットが違うということ。フォメナでは50ペセワ（1セディの半分の価値）以外のジャムパンはなかなか売れないが、クマシでは2セディ、3セディでも恐らくマーケットあるという結論になった。

白人向けのスーパーなどもあって、実際に白人も多い。そして人口もクマシは200万人以上と規模が違う。

村で流行らないものは町でも流行らない、という思い込みが私のなかにあったけど、よく考えると、町で流行っているものが数年遅れて村で流行ることのほうが、圧倒的に普通のことだと思い出した。

今後は町に出ていくために村の人を雇い、ビジネスにしていこうと思っている。手伝ってくれるナショナル・サービスの二人にも話した。「ちょっと話しあってみるよ」と言ってから、一向に連絡がないけど。

ガーナでは時間はゆっくり流れる。それはわかっている。でも、私にはもう時間がない。あと半年。ぐずぐずしている時間はなかった。

## クマシ進出のためのミーティング

ジャムパンビジネスのクマシ進出に向けて、話し合いは着々と進んでいた。

まずはマダムの持っている小さなミキサーとオーブンを、アクラから持って帰ってくる。クマシで販売する用の綺麗な透明な袋を買う。なかに入れるチラシを作り、印刷する……などの話し合いをし、いよいよ村を飛び出て、町へ出る準備を進めていく。自分の手で事態を動かしている、その中心に自分がいるような感覚に、ワクワクした。

販売についても、話し合いが進んだ。

クマシと言っても広く、フォメナからクマシまでは直行の車があるものの、各地バラバラの場所へ持っていくとなると、交通費や労働力がかかる。

そこで進出の際には、「大学」や「店」などのカテゴリでアプローチするのではなく、どこか販売の場所を絞って、そのエリアにある店や学校へアプローチしようということになった。

今週からは、イースター・ホリデーに入る。

ちょうどいいタイミングだ。ホリデーが終わった来週の金・土曜日にサンプルを持ってクマシへ進出しよう。

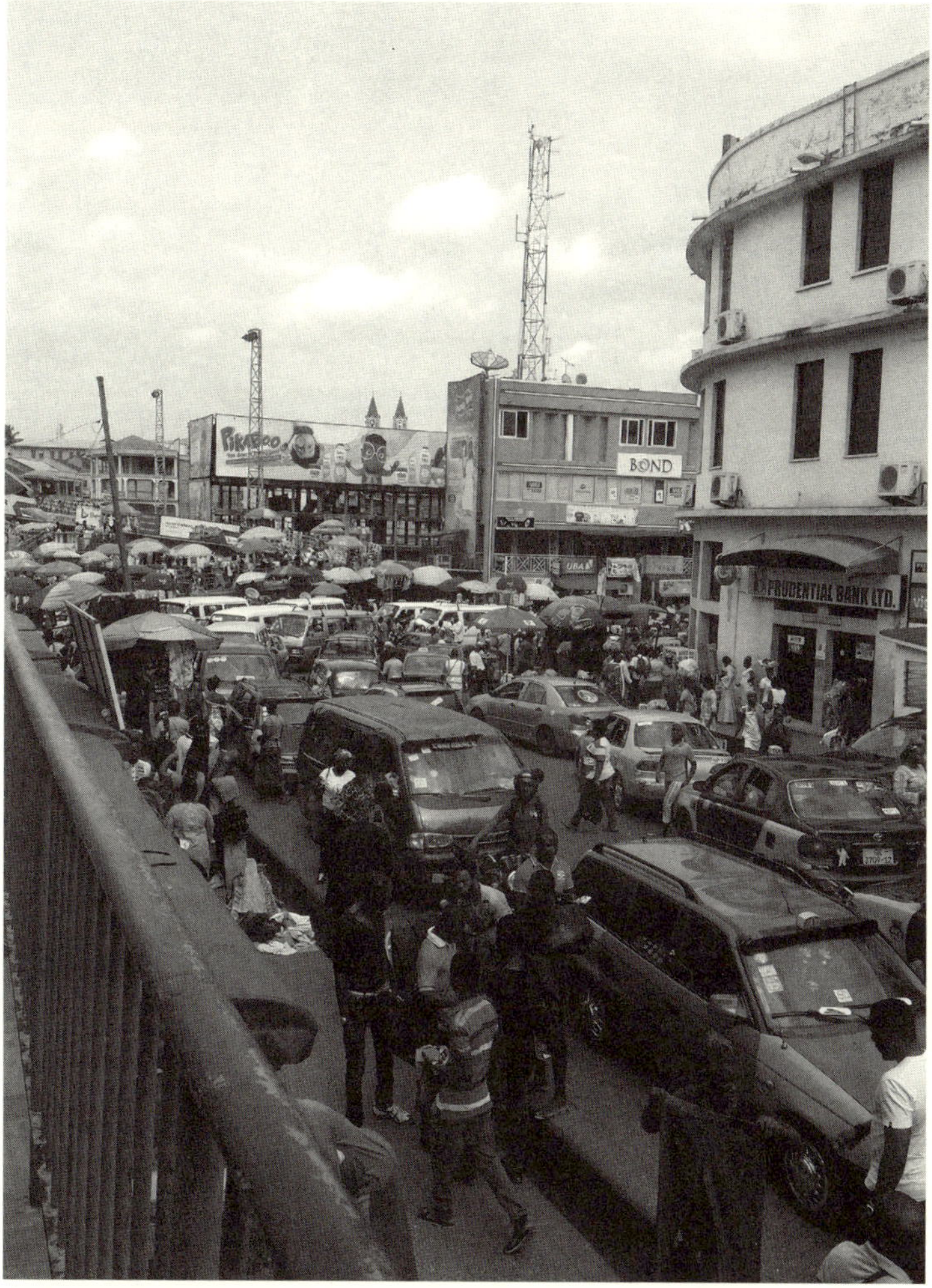

クマシのセントラルマーケット

## イースター・ホリデー付近の諸々

3月末の週末、金曜から月曜にかけて、ガーナではイースターの休暇が始まった。月曜日には各地でイベントが行われており、私も友人のニャンコマスの滝のオーナー、ダニエルさんのイベントを手伝いに行く予定だった。

彼は市役所からの依頼で、オブアシとアソカの間にある小さな村「ニャンコマス」地区にある滝を有名にする活動をしている。森を切り開き、そこを観光地にする計画だ。マダムと一緒に月曜に会いに行くと、彼は気前よく「イベントでパンを売ったらいいよ！」という話になった。私もマダムもご機嫌になり、すぐに小麦粉を調達して準備を整えた。

でも、さすがはガーナ。やっぱりこんなときでもトラブルは起こる。

次の朝、最初のトラブルは、ちゃんと準備していたはずの窯の火が消えたことだった。代わりにオーブンを使って焼くことにしたけど、焼いてみるとこれが全然膨らまず、小さくずっしりしたパンになってしまった。イーストの量を間違えたのだ。

何とか焼き直し、ジャムパンを持って急いでニャンコマスに行くと、時間はもう11時。ただでさえ小さな村だ。誰もおらず、みんなでポツンと座って数時間のお客待ち。

２時ごろになってようやく人が増えてきたかと思うと、子どもたちはみんなご飯を済ませていて、大人はケバブやフライドライス（焼きメシ）などの、普段は食べないようなものを食べたがり、結局、半分も売ったところで終了となってしまった。

踏んだり蹴ったりなイースター・ホリデーだった。

## ガーナ人の〝やるやる詐欺〟

イースターのジャムパン販売は、諸々の準備をしていたのに当日のバタバタで結局、期待する成果は上げられなかった。

でもニャンコマスの滝のオーナー、ダニエルさんと話をして、「次回からは学校のプログラムで出すスナックとして組み込んで売ればいいんじゃないか」という話になった。

私は彼と一緒に滝ツアーの宣伝をする手伝いをし、彼はつれてきたお客さんのスナックとしてジャムパンを使って私を助けてくれる。ＷＩＮ―ＷＩＮの素敵な関係に、ちょっと救われた気がした。

イースター・ホリデーが一段落し、いよいよ週末からはクマシへ進出。

一緒にクマシに販売に行くナショナル・サービスの青年と材料を買い出しのために遠出し、翌日はジャムとチラシをみんなで作った。

そして木曜日の夕方、パンを混ぜて捏ねる少年たちに連絡をして、あとはジャムパンを作るだけ、いよいよすべての準備が整ったと思った矢先……そう、またトラブルが発生した。

「ワーカーが来ない、連絡がとれない」の一報が入ったのだ。

待てど暮らせど、結局、少年たちは現れなかった。


こんなこと、日本ではまずありえないと思う。でも、こちらではそんなに珍しくないのだ。

いい意味でも悪い意味でも楽天的と言うか、おおらかと言うか、「やるやる」と言ってやらない、「来る来る」と言って来ない、「連絡する」「検討する」と言って全然通じないことが多く、これまでも何度も困らされてきた。

ガーナもガーナ人も大好きだが、これは本当に良くない。日本人と気質とか、責任感とかとは関係ない話だ。

一言「今日は行かない」と連絡をくれるだけでも他に取れたであろう手段がいろいろとあった。一番困るのが、この〝やるやる詐欺〟だ。信頼しているこちらが馬鹿みたいな気持ちになり、精神的にも良くない。

久々に腹が立った。そして、落ち込んだ。心が折れかけた。でも、話はこれで終わらなかった。

## クマシ進出、失敗！

〝やるやる詐欺〟でジャムパンが作れず、クマシでの販売ができなかったことについて、クマシでの販売を手伝ってくれる予定だった青年に後日、謝罪に行くことになった。

彼は心底がっかりしていた。そりゃそうだよね。彼からすると、私たちが〝やるやる詐欺〟の加害者だ。「もう興味がなくなったよ」と言われても仕方がなかった。

私にもどうしていいか、わからなかった。小さな行動が、すべて信頼につながっている。クマシ行きは一旦、断念することになった。

その代わり、マダムの義理の娘が自分たちでジャムパンを作ってフォメナで販売し始めた。

でも、よく見なくても勝手にサイズが小さくなっていた。案の定、同僚たちから「小さすぎる！」と苦情が来た。うまく伝わってなかったんだなぁ、と改めてコミュニケーションのむずかしさを再確認させられた。

そこでミーティングを開き、ジャムパンの製造について話し合うことに。

これまでこだわってきた味については、「フォメナでは小さくて贅沢なパンよりも、安くて大きなパンを好む人が圧倒的に多い」という流れから、材料を減らし、代わりにパンを大きくするという結論になった。

いろいろとこだわるのも重要だけど、その地で受け入れられるように変化していかなければ競争に勝てない。

私はこだわることで差別化を図り、マーケットを取りたいと思っていたけど、そもそもビジネス自体が少なく、お金が回っていないフォメナでは、彼らの望む形から入っていってもいいのかな、と考え始めた。

クマシ進出失敗、支援者も失って、ジャムパンビジネスは一時停滞となってしまった。

私がいられるのもあと数か月。できることを精いっぱいやろうと思った。

# 第５部

## 働き者の日本人が、のんびり屋のガーナ人から学べること

時間が限られている私にとって、落ち込んでいるのは、あまりいいこととは言えない。良くも悪くも行動しないと事態は変わらないんだ。

というわけで、週末にニャンコマスの滝へオーナーのダニエルさんに会いに行った。ちょうど学生たちが社会科見学の一環として、自然と生態形について学んでいるところだった。

「イースター・ホリデーでは中途半端になってしまったけど、きちんとニャンコマスからジャムパンとドリンクのオーダーを取っていきたい」という内容を話すと、「今度、学生がたくさん来るから、そのときに大量にオーダーを頼むよ」と快く引き受けてくれた。

やっぱり、動けば動いただけ変化が起きるなぁ。

週明けには、キャッサバの枝を事務所のみんなとひたすら束にまとめ、車に詰め込み、配布する作業をした。

私が配属されているオフィスは政府機関のため、基本的にスタッフはのんびりしている。特にやることもないときはダラダラとゲームをしたり、テレビを見たり、携帯電話で写真の撮り合いをしたりして自由だ。給料をもらっている立場としてはNGだけど。

でも最近になって、彼らが働くようになった。ディレクター（代表者）が変わったのだ。とはいえこれまで働き慣れていなかった人たちが急に働き出したのだから、彼らはすぐ疲れて、何かと理由をつけては積極的に休みだす。

私がそれを指摘すると、「エフィアは本当に仕事熱心だね。さすがは日本人！　ガーナ人とは違うね、ガハハハハ！」と笑ってごまかしてくる。そんなのではごまかされませんよ、私は。

でもこうして一緒に働くことで、彼らも私の働く姿勢から学び、私も同じように彼らからのびのびと生きることや思いやりを学んでいる。だからギブ&テイクなんだろうか。

ジャムパンづくりは停滞気味だけど、明日から数日、別のコミュニティ開発の先輩がいる任地に行って、ネリカ米を植える作業を手伝ってくる。数日間の旅路だが、リフレッシュできるといいな。

## 先輩女性隊員の任地にて田植えを手伝う

隣の部屋に住む女性先輩隊員の手伝いをするために、朝4時50分のバスに乗って、彼女の任地へと向かう。行く途中、爆睡していた私は、隣に座っているおばちゃんに頭突きをガンガンかましてしまっていたようで、起きたときに呆れた顔をされてしまった。起きたらちょうど任地のバス停を過ぎる瞬間で、慌ててバスを降りた。人の性質はなかなか変わらないものだ。

私の任地のネリカ米は、残念ながら穂をつけたときにネットを張らなかったことが原因でダメになってしまった。農家をきちんとモニタリングできていなかったことも原因の一つだ。殻の中身のミルクのような液体を、全部、鳥に吸い取られてしまって、からっぽになってしまっていた。

あんなに苦労して植えたのに、小さなミスで全滅なのは悲しい。でも同僚も、「あきらめずに新しく種を見つけてほしい」と私に言ってくれたので、時間の許す限りだけど、続けたい。

先輩女性隊員の任地に着いて畑を見ると、それはそれは綺麗に草が刈られていて、これをガーナ人と先輩の二人でやったのかと思うと、思わず感動してしまった。他のボランティア二人も参戦し、まずは雨を流すガーターと一部の土ならしを一日かけて作った。

ものすごい炎天下のなか、日陰もなく、日本人スタッフはみんな、日焼けサロンに通い続けたような焼け方をしていた。暗かったらガーナ人と見間違えていたかもしれない。

彼女の任地はまったく雨が降っておらず、いちいちバケツを使って溜め池から水を汲んできて、さらにジョウロに移し変えて少しずつ使う、という地道な作業の連続だった。私も人生二度目の汗疹が広範囲にできてしまった。


二日目。引き続き土ならしをして、そのあと20センチ間隔に5粒の直撒きをした。

三日目は待望の雨が降ったので、先輩とガーナ人の三人で大喜びし、「今のうちに全部植えよう!」と意気込んで作業を行った。でも、20分も経つと今度は凍えるほどの寒さを感じ、それでもまっさらなアフリカの大地では身を隠す場所もなく、結局、雨に打たれながら作業すること3時間。ようやくすべての作業を終えることができた。


一緒に作業をしたガーナ人は、まるで日本人のように細かいことにこだわって作業をする人だった。

畑をきっちり20センチずつ計って印をつけ、「線に沿って!」「もっと深く」と細かいことも指示で直播きをしてくれた。作業中は一切しゃべらないし、時間もしっかり守る人で、まるで日本で働いているような気持ちになった。先輩も、彼に会えたことが一番の価値だと言っていた。

何かを変えるためには、たとえ意識だけでも簡単なことではない。でも、たった一人でも真剣な人がいて、その人が何かを感じてくれたなら、自分がやっていることに少しでも意義を感じることができる。

帰路につきながら、そんなことを思って私はウトウトとしてしまった。

## 停電のガーナに訪れた明るいニュース

今週はずっと停電している。もう80時間は電気の光をお目にかかっていないんじゃないだろうか。

そんななか、明るいニュースが飛び込んできた。

週末、新しくアシャンティ州にやって来たボランティアのための歓迎会を行ったときのこと。なんとそこに、自動車整備士がいた。私も日本では自動車リサイクルの会社に勤めているので、他人とは思えない気持ちで話しかけてみると、私の顔を見るなり「もしかして、山口さん？」。

どうやら金沢の自動車ディーラーで整備士をしている人のようで、私の会社とも付き合いのある人だった。日本から遠く離れたガーナで、なんて素敵な出会い。そして、世界って広いようで狭い！

しかも西アフリカ最大の中古車パーツマーケットのすぐ近くに住んでいるそうだ。今後、ガーナの中古自動車ビジネスのマーケット調査を大いに手伝ってもらおうと思う。

さらに、かつて日本に12年間住み、現在はガーナで中古車部品を輸入している人とも話ができた。どうやら、日本へは買い付けのために度々足を運ぶらしく、次回は9月末に行くとのこと。

実は、私も9月末に2年の勤務を終えて、日本へ帰る。日本に来たときは、ぜひ会社に寄ってもらうよう、お願いをした。

石川県だけど、来てくれるよね？

## いろいろとずさんなガーナ人たち

大雨でボランティアのイベントが延期・中止になる——日本でも起こり得ることだけど、大雨の結果、洪水になって中止になることはあまりないんじゃないかと思う。

帰国を3か月後に控えたある日、私は首都アクラで予定されていた日本人の経営するオーガニック・マンゴー農家へボランティアに行く予定だった。でもそのイベントは、前日の大雨とそれに伴う洪水で中止になった。

日本で洪水といえば、川に流れた水が多すぎて氾濫――そんなイメージかもしれない。でもガーナでは、洪水はほとんど雨が降るたびに起こる。

きちんと計算してインフラの整備をやっていないからだ。道や溝を作っていなかったり、洪水にならないような排水設備を整えるお金がないのだ。これは仕方がないこと。

でも、洪水になる原因は、それだけじゃない。

ガーナでは、本当にポイ捨てが多い。袋とか、ペットボトルとか。ゴミ拾いや町掃除でビジネスが成立するんじゃないか、と思うくらいに人々は簡単に道端にポイ捨てする。結果、ゴミで溝が詰まり、せき止められて排水が滞る。

なぜ学習しないのだろう、と不思議でしょうがない。ポイ捨てをやめるだけでも、自分たちの生活が変わるのに、と思う。


この前はパソコン修理士のイブラヒム君の店に行き、いくつかアドバイスをした。彼は腕も人柄もいい修理士だが、ガーナ人のポイ捨てと同じく、ちゃんとしていない部分がある。

例えば、買ったものの管理がとてもずさんだということ。

そのパーツや道具をいつ買ったのか、何個買ったのか、いくらで買っていくらで売ったのか……そういったことが彼の頭のなかだけで完結しているため、従業員が勝手に売ったり、誰かに盗られたりして、いつもモメていた。そりゃモメるよね。

「私がいるんだから、少しずつ一緒にやっていこう」という話になり、まずは先日買ったものの記録を一緒に作った。

日付と製品、ブランド名、買取価格、個数を全部ノートに記録し、販売した時点で販売価格とともにチェックを入れる。

稼いだお金は必ず封筒に記録して、毎日管理。そんなところから始めるしかない。こんな小さな改善でも、結果が目に見えて変わることを彼が実感できるよう、尽力しようと思った。

## 新しいディレクターとの語り合い

一時停滞していたジャムパンビジネスだったけど、小さな機械も届いて、製造・販売のための体制が整いつつあった。

あとは売り子さんを探すだけ。アソカという比較的大きな町のインフォメーション・センターに行って、スピーカーで市民にアナウンスして人集めをすることにした。

3日間しきりにアナウンスする約束で値段は30セディ（約1000円）とちょっと高め。でもできる手段を使って、真剣な売り子をゲットしたい。このあとフォメナとドンポアセのインフォメーション・センターにも行って、売り子を募集した。

ただ、この3日間のアナウンスは、それほどの効果が出なかった。

オフィスに行くと､同僚の一人がイライラしていて､「昨日はどこ行ってたの？」と聞いてきた。ジャムパンの買出しだと答えると、「お金のムダだから、もうやめなよ！」と言ってきた。

無責任で頭ごなしな物言いに、さすがにこれはイラっと来た。

オフィスにいて何もしてないあなたに、人の努力をダメと言う資格はないよね、と心のなかでイライラ。

気を回した新しいディレクターが「エフィア、久しぶりに加工場をチェックしに行こうよ」と言うので一緒に行った。でもこれは逆効果だった。加工場に置いてあったガスシリンダーと小さい机が、どちらもなくなっていたのだ。

きっと誰かが許可なしに持っていったか、盗まれたかどちらか。

全員が同じものを持てないガーナでは、誰かが持っているものをみんなでシェアする習慣がある。私もキッチンのものがなくなって盗まれたと思ったら、誰かの部屋で使われていた経験が過去に何度もあった。

でも、今のイライラした気持ちでは、許可なく持ち出したことに寛容な気持ちにはなれなかったし、盗まれたんだとしたら、管理体制や諸々のことを含めて、思わず「あぁ、もう！」と叫んでしまった。


見かねたディレクターが、話し合いの場を設けてくれた。よく考えたら、彼と深く話したことはなかったので、これはありがたかった。

これまでの私たちの活動やそこで感じていたストレス、困難や悩みなどを話した。ボランティアを受け入れる側として、特に何の要望もサポートもないのは良くないことや、次のボランティアが来たらこうしてあげて欲しい、というこちらからの希望も話せた。


逆に新任である彼の困難や愚痴も聞け、これまでよりも距離が縮まり、自分の気分もすっきりできた。もっと早い段階でたくさん話しておけば良かった、と今ながらにちょっと後悔した。

新しいディレクターになってから、すべての物事が改善されてきている。彼はジャムパンビジネスを一緒にやっているマダムとも話がしたいと言ってくれたので、明日にでも一緒に会いに行こうと思った。

## 動き始める周囲

ＪＩＣＡが２００９年７月から協力している「天水稲作プロジェクト」というものがある。ガーナでは、コメはメイズに次ぐ第二の穀物。都市部を中心に消費が急速に拡大していた一方、国産米の供給は伸び悩んでおり、国内消費量の60〜70％を輸入米に依存している状態だ。というのも、米の生産全体の約８割は、天水を利用した稲作のため、収穫は天候に大きく影響を受け、生産性も低い。

私がガーナにいた２０１６年４月にスタートしたフェーズ２の協力では、フェーズ１で構築した「普及ガイドライン」に基づく稲作の普及を支援し、国産米の生産量の増加に寄与しようという試みで、私のいるフォメナの事務所にも、二人の日本人の専門家の方とガーナ人スタッフ数名がやって来た。この地域も支援地域として加えてもらえるそうだ。

彼の効果なのかはわからないけど、新しいディレクターになって以降、物事が改善されている。事務所スタッフもちょっとずつ働くようになってきたし、天水稲作プロジェクトに加えてもらえることになった。これで一般農家の人たちの生活が少しでも上向きになれば、こんなにうれしいことはない。

外部視察も積極的で、先日は、とある企業のプレゼンテーションを見に行った。ファーマーラインという会社で、農家をターゲットに、農家に役立つ情報を提供している会社だ。利用者は毎月1．5セディ（約50円）で、毎日の天気予報や現在の市場価格などの最新情報をゲットできる。

技術と社会貢献を兼ね備えた素敵なビジネスだと思う。私も一度、登録してみよう。

農家の支援に新しい進展があり、事務所も新体制で今までよりいい状態で動き始めている。あとは私のジャムパンビジネスだ。動き出すのはもう少し時間がかかるかもしれない。

帰国まで3か月を切って、時の流れが今まで以上に早く感じている。

一番身近な存在だった先輩たちが、先日、任期を終えて帰国した。次は自分の番だ。できれば、自分も何かを残して帰りたい。一日一日を大切に、進歩を求めて活動してこう。

## 男の子の手術代を求めて

7月に入り、帰国まで2か月となると、ますます時は加速し始めた。

新たに、市役所の職員と共に、足の悪いミンタ君のサポートをすることになった。

彼を病院に連れて行くと、専門医が有給で海外にバカンスへ行っているとのこと。代わりに診てくれた看護師から「たぶん手術できる」とのことで、ザッと見積もりを出してもらった。４０００セディ（約14万円）。決して安い金額ではない。

早速資料を作って、教会や銀行、村長などのお金のある人たちのところを回って協賛を集めることにした。トータル11の教会と一つの銀行に手紙を書いて、資料を送った。

その後、２週間ほどかけてさらにミンタ君の手術代を募った。

市役所の職員と一緒に、トータル30を超える教会、銀行、起業、村長、学校などを回り、ようやく1万円くらいお金が集まった。目標は14万円だから、まだまだ。もうちょっと辛抱して続けよう。

こうして私たちが一人の子どもの手術代のために方々を駆け回っている間、政府機関は週半ばからストライキが始まっていた。政府職員が給料値上げを求めてストライキを起こし、「政府が話し合いの席につくまで仕事に行かない！」と声高に叫んでいるそうだ。

私たちと政府職員に直接的なつながりはないけど、この何とも言えないアンバランスさに、ガーナという国の自由さ加減を感じる私だった。

## ガーナ人「エフィア」と日本人「山口未夏」

先日、友達が車で走行中に事故を起こした。奇跡的に彼は無傷で済んだが、車は廃車同然で、日本で自動車リサイクルの仕事に関わっている私としては、とても可哀想な気持ちになった。

車はフロントから土手につっこんだので、フロントライト、バンパー、ラジエーター、タイヤ、ミラーなどが粉々に。修理場で、一つずつ外されていく部品を見ながら、「もしもパーツを一個ずつ買うといくらになるんだろう」なんてぼんやりと考えていた。

日本で事故に遭って廃車同然になったら、新車でも中古車でも次の車に買い替えるのが普通だ。でもガーナでは違う。

こちらは何でも修理しようとする。簡単に新しい車が手に入ったり、変えたりするだけの余裕のある人が少ない。ここのタイミングになって、初めて自分の勤める会社のビジネスの重要性と価値を実感することになった。

ところで、事故を起こした彼の車はTOYOTAのRINO（日本では発売されていない）なので、ガーナではパーツが買えないようだ。さてさて、どうすることやら、引き続き観察しよう。

車つながりで言えば、以前、私の勤める会社「会宝産業」にも来社してくれたガーナ人のトニーさんにも会ってきた。彼は中古車のディーラーをしている人だ。

彼の店に置いてあるエンジンは、すべて会宝にもあるものだった。とても懐かしい気持ちになったのと同時に、自分がかなりエンジンの名前なども忘れてしまっていることに気づかされた。

トニーさんはとても明るくてフレンドリーで、久しぶりに車についての話ができた。

ガーナで売れている車の事情、ヨーロッパから輸入しているディーラーとの格差、アメリカからの輸入した日本車のエンジンとミッションの合致性の話など、具体的なマーケットの話までできて、一時的にだけどガーナ人モードの「エフィア」から日本人モードの「山口未夏」に戻ることができた。「今度からは、会宝さんから買おうと思ってる」といううれしい話も。

これからもちょくちょく顔を出し、情報交換をしていこう、と思った。

壊れた前部分をカットして中古部品を溶接する

## 帰国直前にジャムパンビジネス本格始動

ガーナ滞在、残り1か月。

ついに、ジャムパンビジネスが本格的にスタートした。

間違いなく、こちらへ来て一番忙しい日々。それがまさか、最後の1か月に来ようとは！

きっかけは、いい売り子の少女を見つけられたこと。彼女は毎日売りに行けるし、信頼もできて、真剣だ。パーフェクト！

2日置きにジャムパンと地元フルーツのジュースを作って、販売は毎日。

私も一日行ってそれっきりではなく、連日同じ場所に赴いてプロモーションを行い、ご新規さんに常連になってもらうこと、より多くのご新規さんに知ってもらうことを目的に、売り子と一緒に町を歩きまわった。

そんな態度に「お金、好きだよねー」と言われることがよくあった。

今まではそれが本当に不快だったけど、今は逆に開き直って、「私はお金いっぱいあるから売り子から1円も取ったりしないよ、ガーナの人たちを助けてるんだよ！」と言い返すようになった。すると、みんな喜んで爆笑してくれる。

ガーナ人のほとんどは、発言に悪気はない。思い返すと、これまでに何度「金くれ」とか「本当、デブだな」とか「妊娠させてやる！」とか言われたことか。日本だったら、完全にセクハラ。昔はいちいち怖がったり不快に思ったりしたけど、今では言い負かすことが逆に楽しくなって、お世辞にも自分はか弱いタイプとは言えなかったものの、この2年でかなり図太くなったなぁ、と実感する。

ビジネスも同じで、日本のやり方はとても丁寧で、「お客さまは神です」の精神が根付いているけど、ガーナでは売り手と買い手は対等、もしくは買い手のほうが、立場が強い。

もともとこちらも〝値段交渉ありき〟の値段設定だし、売り手が買い手にヘコヘコするなんてことはまず絶対にあり得ない。むしろガーナには〝たくさんしゃべったもん勝ち〟のような空気さえあるくらいだ。

私はもう、来月末に帰国する。帰国直前のこのタイミングでビジネスが軌道に乗ってくれたことが、本当にうれしく思う。

ジャムパンと一緒にドリンクもどうぞ

売り子は2週間前から毎日かかさず売りに行ってくれている。売れる数は毎日バラバラだけど、大体50~60セディ（約2000円~2400円）くらいの売上げがある。新しく製造のワーカーも見つけた。とても真面目で、よく働く良い子だ。

これまで何度も失敗をした。ジャムづくりの失敗、保存に関してのマダムと私との基準の違い、その対応と対策、パンづくりの指示の甘さが引き起こした失敗、ワーカーたちのドタキャン、クマシ進出の失敗……。

毎日汗をかいて、〝3歩進んで2歩下がる〟を繰り返してきた成果が、ようやく今、出ようとしていた。もう少し、もう少しだ。

## 立つ鳥、あとを濁さぬように

帰国当月の２０１６年９月になった。今月末には、私はもう日本にいる。

帰国のための準備を始めた。使っていたバイクをＪＩＣＡスタッフに渡し、銀行口座をクローズ、たまりまくっていたＪＩＣＡへの報告レポートもなんとか提出を終え、一緒にキャリーバックも持っていってもらおうとずうずうしくお願いした。荷物のパッキングも済ませた。

そして、２年間一度もしなかった大そうじを、このタイミングで済ませることにした。ガーナ人は綺麗好きで、毎日掃除をする。そんな彼らからすると、私はいつまで経っても〝外国人〟だったかもしれない。

正直、私は掃除がとても苦手だ。大掃除をしようと意気込んだのに、ちょっと窓の桟を拭いては「何やってるんだろう」と疲れてしまう。何かにつけて仕事をサボりたがった事務所のスタッフと同じだ、と笑えてしまった。

ちょうどいいタイミングで子どもたちがいっぱいやって来たので、「冷蔵庫拭いて」「そこ掃いて」と、ガーナ人のやり方を真似して子どもたちに手伝ってもらい、なんとか掃除を終えた。

子どもたちは、私が捨てようとするすべてのものを持って帰った。紙類はトイレットペーパーに、インクの切れたペンは剣にして戦うために、大小様々な箱はおもちゃの車を作る材料になるみたいだ。

ジャムパン、ジュースビジネスも、私が関われる最終段階を迎えていた。

売り子の少女が毎日一生懸命に売りに行っているので、生産も販売も人員も安定してきている。

あと私ができるのは、今後の人員獲得のためにビラを作って貼り出すくらいだろうか。明日以降はビジネスの動きを見守りながら、お世話になった人たちにあいさつ回りしてくる。

帰りたくない。

もうちょっとでいいから、ここにいたい。

## さよなら、ガーナ！

2年間、本当にありがとうございました。

いつも計画的に行動できない私は、最後もいろいろなものに追われてバタバタと帰国の準備をし、結局、部屋の片づけができたのは最終日になってしまった。

あいさつ回りは車を持っている友達にわがままを聞いてもらい、3日間、各地を回った。

おかげでお世話になったたくさんの人たちにあいさつができた。

どこへ行っても向こうは笑顔で私は涙、涙。私が病院に連れてったマイケル君に会いに行ったとき。彼の母親が私の前に跪いて握手し、涙を流した。本当に驚いて、釣られて私も号泣してしまった。

この2年間、本当に彼らに巡りあえたことに感謝だ。

「いつでも会えるじゃないか。またおいでよ」と彼らはそう言ってくれる。私はうなずきながら、それでも涙が止まらない。またいつか戻ってくることを約束して皆とお別れした。

首都アクラへ向かうバスは相変わらずの２時間待ってようやく動きだす始末。相変わらずなガーナだったけど、帰国マジックで愛おしく思えた。

9月26日、夕方のフライトでガーナを起ち、ドバイを経由して28日に日本に到着予定だ。「家につくまでが遠足」とはよく言ったもので、機内でも私はガーナでの日々を思い出して、時折、涙を浮かべた。

でも面白いもので、成田に近づくにつれ、頭のなかには海鮮丼やとんこつラーメンが浮かんできた。

あれ？　私はガーナ人になったんじゃなかったのか？
気持ちはもう、日本だった。

# おわりに

私は、「ボランティア」があまり好きではない。

こんな本を出しておいて、意外に思うかもしれない。でも、事実だ。

カネなし、職なし。あるのは「誰かを助けたい」と思う熱い気持ちだけ。

自分は何も得られなくても、誰かが笑顔になってくれればそれでいい――そんなキラキラしたイメージで、自分には似合わないと思っていた。

私にあったのは、「どんな手段であろうとアフリカに行く」という強い意志だけ。「それだけは誰にも邪魔はさせない」と思うと同時に、JICA隊員としてガーナへ行くことを伝えたときに、両親に反対されても負けない理論を持てるか……そんなことをずっと考えていた。

結局、私は会宝産業に就職し、JICAの民間連携ボランティア制度を使って1年後にはガーナの地に立っていた。

この制度は、海外に展開する際に活躍できる人材を育てたいという中小企業の希望と、技術のある中小企業にもっと海外に展開してもらいたいというJICAの想いを叶えた制度。

この制度のおかげで私は晴れて、「金あり・職あり・誰かを助けたいと思う気持ちもあり！」で、心配事なく元気に出発することができた。

発展途上国と言えば、灼熱の大陸で見た人々は汗だくで働き、人々はほんの少しの食糧を分け合い、汚れた服に細った姿――テレビで見られるそんな光景想像するかもしれない。

実際、私もそう思っていた。

でも実際は、汗だくで働く人もいるが、ほとんどのおばちゃんたちは、日中は日陰で休み、「食いすぎだよ！」とつっこみたくなる食事を作る。そして、よく食べる。

人にどう見られるかをとても気にするガーナ人たちは、いつもオシャレで、服や髪にはお金をかける。すぐに断水が起こるから水は貴重なのに、少ない水で朝晩必ずシャワーを浴び、着る服には必ずアイロンをかける。

住んでいる家は毎朝必ず掃き掃除する。「ちゃんとしてる家だな」と思わせたいのだ。だから掃いてもいないのに、掃いた跡だけつけたりもする。

想像していたよりずっと綺麗好き、周囲の自分への評価に敏感で、ミーハーな人たちだった。

でも、こんなきっちりしているところもあるかと思うと、逆に物事はすべてフワフワしていて、

ガーナの代表的なご飯：フフ

決まりごとがあまりない。

9時からミーティングだと言っても、だいたい始まるのは11時半くらい。終わりの時間はもちろん決まっていない。ミーティング中に電話には出るわ、間食はするわ、赤ちゃんにおっぱいをあげるわ……。

雨が降ったら仕事には来ないいし、停電したら誰にも連絡がつかない。乗り合いバスにも時刻表なんてものはもちろんなくて、乗客が満員になったら出発する。

日本ではとんでもない言い分が、彼らには正当な理由になってしまうのだ。


そんな人たちやガーナのお国柄に、最初は違和感バリバリだった。

ご飯食べにおいでよ、と言われても、「あ

とでお金請求されるんじゃないか」と思っていた。

部屋のキッチンから持ち物がなくなることもよくあって、盗られたんだと思っていた。

タクシーに乗ってから「今日はお金ないから、エフィアお願い！」と言われるのも本当に嫌いだった。

毎日毎日、「どこに行くのか？」「今日は何を食べるんだ？」「ついでにパン買って来てね」と言われて、面倒くさかった。

でも、自分のボランティア活動の試みが何もかもうまくいかなくて泣きたくなったときに、同僚があることを言ってくれた。それが今も、忘れられない。

「心配するな、エフィア！　俺たちは金がなくても、職がなくても、フフ食べて幸せだから！」

自分なりに人々を助けたくてがむしゃらにやってきた私にとって、これまでの人生で一番腹が立った言葉だったけど、あとになって私は、この言葉で肩の荷がスーッと降りていくのを感じた。

私は「彼らのためにしている」と言い聞かせて、本当は自分が何かをやり遂げた証を残したかっただけだったんだと気づいたのだ。

彼らのやり方で、彼らのできる方法でやらなきゃ、ただの〝押し付け〟になってしまう。

そう気づいた日から、私はガーナ人のことをより深く知ろうと思うようになり、一緒にご飯を食べたり、教会にも毎週行くようになった。

すると、たちまち町中の人が私を気にかけてくれるようになった。

そのうち、今まで言われたりされたりして嫌だったことの意味が、理解できるようになった。

毎日声をかけてくれるのは、自分を愛して気にかけてくれていることの証。

ご飯に誘ってくれるのは、怠け者の私がなかなか料理をしないから。

物がなくなったときは、必ず仲良しさんのところにある。一人で全部のものは買えないけど、皆でシェアすれば足りるから。

今日は私が払ったタクシー代も、次は払っていてくれたりする。お金がないときは、ある人が助ければ良い。

キリスト教の教えには「隣人を自分と同じように愛しなさい」とある。

日本人が忘れかけている「隣人を愛する」という心。「分け合って、助け合って生きていく」という心。

そんな、あたり前だけど人生で一番価値のあるものに、私はガーナで出会うことができた。

そして、自分の考えや行動を改めてみて気づいた、ガーナ人の一番好きなところ。

それは、「みんな一緒に寄り添って生きている」ということだ。

本書は、私が民間連携ボランティアとして2年間ガーナに派遣され、その経緯や派遣中に起きた出来事、言われたこと、感じたことを記したものだ。

何に苦労をしたのか、どのように課題を乗り越えたのか、自分がそこで何を学んだかを、具体的なエピソードと共にお伝えしてきた。

これから海外に進出したい人、ボランティアに興味のある人。もしくは社員をぜひ海外へ送りたいと思われている企業の方々、そして娘さんや息子さんを心配する親御さんに読んでもらいたいと思う。

最後に、これまでガーナで出会ったたくさんの人々、やりたいようにやらせてくれた両親、本書作成に尽力いただいたブレインワークス佐々木様、Meeting Minutes 廣田様、民間連携ボランティアを通じてずっとご理解、ご支援いただいたＪＩＣＡ様、そして私の将来への活躍に投資してくれた会宝産業の近藤会長、近藤社長、社員の皆様に心より感謝申し上げます。

最後まで読んでくださり、ありがとうございました。

すべてのご縁に感謝し、これから社会に貢献できるよう、励んでいきます。

# ガーナは今日も平和です。

2017年10月30日〔初版第1刷発行〕

著　　者　山口未夏
発 行 者　佐々木紀行
発 行 所　株式会社カナリアコミュニケーションズ
〒141-0031 東京都品川区西五反田6-2-7 ウエストサイド五反田ビル3F
TEL 03-5436-9701　FAX 03-3491-9699
http://www.canaria-book.com
印 刷 所　株式会社ダイトー
装　　丁　新藤昇
D T P　宮部直樹


ISBN978-4-7782-0413-6

# カナリアコミュニケーションズの書籍のご案内

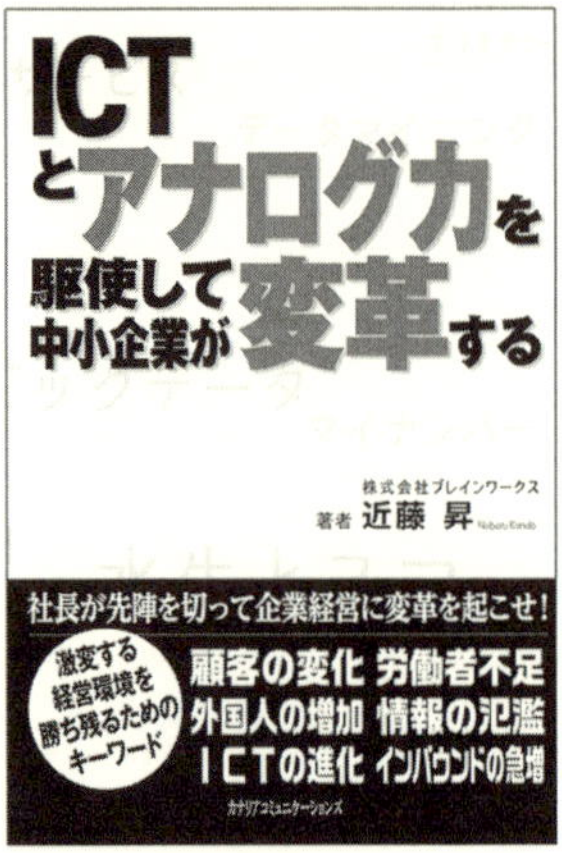


ICTとアナログ力を駆使して
中小企業が変革する
近藤 昇 著

第1弾書籍「だから中小企業のIT化は失敗する」（オーエス社）から約15年。この間に社会基盤、生活基盤に深く浸透した情報技術の変遷を振り返り、現状の課題と問題、これから起こりうる未来に対しての見解をまとめた1冊。
中小企業経営者に役立つ知識、情報が満載!!

2015年9月30日発刊
価格1400円（税別）
ISBN978-4-7782-0313-9

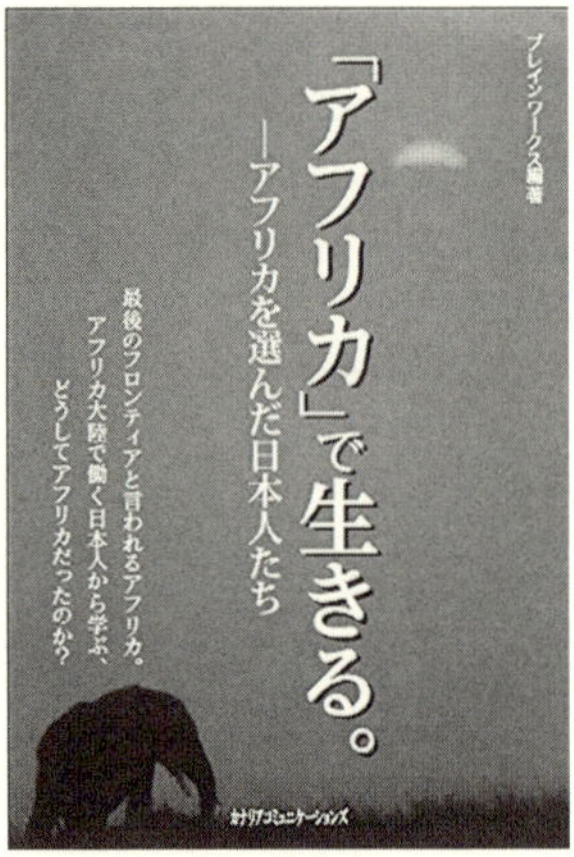


「アフリカ」で生きる。
ブレインワークス 著

まだ手がつけられていない事業領域が山ほどあるアフリカ。退路を絶って新しい地平を望む人には、わくわくしてしかたがないでしょう。アフリカ大陸での生活はどんなものか？貧困や感染症は？といったことはもちろん、青年海外協力隊、NPO活動、NGO活動、ボランティア活動、起業、ビジネス……など知らなかったアフリカがここにあります。

2017年4月20日発刊
価格1400円（税別）
ISBN978-4-7782-0380-1

## カナリアコミュニケーションズの書籍のご案内

### メコンの大地が教えてくれたこと―大賀流オーガニック農法が生み出す奇跡

大賀　昌　著

今、日本で騒がれている『農業の六次産業化』は、既にアジアで始まっていた。農業大国タイで、日本人が画期的なオーガニック農法で大成功。その技術を世界に広げている著者の軌跡とそのビジョンに迫る。

2012年7月12日発刊
価格1500円（税別）
ISBN978-4-7782-0227-9

### もし、自分の会社の社長がAIだったら？

近藤　昇　著

AI時代を迎える日本人と日本企業へ捧げる提言。実際に社長が日々行っている仕事の大半は、現場把握、情報収集・判別、ビジネスチャンスの発掘、リスク察知など。
その中でどれだけAIが代行できる業務があるだろうか。
10年先を見据えた企業とAIの展望を示し、これからの時代に必要とされるICT活用とは何かを語り尽くす。

2016年10月15日発刊
価格1300円（税別）
ISBN978-4-7782-0369-6

# カナリアコミュニケーションズの書籍のご案内

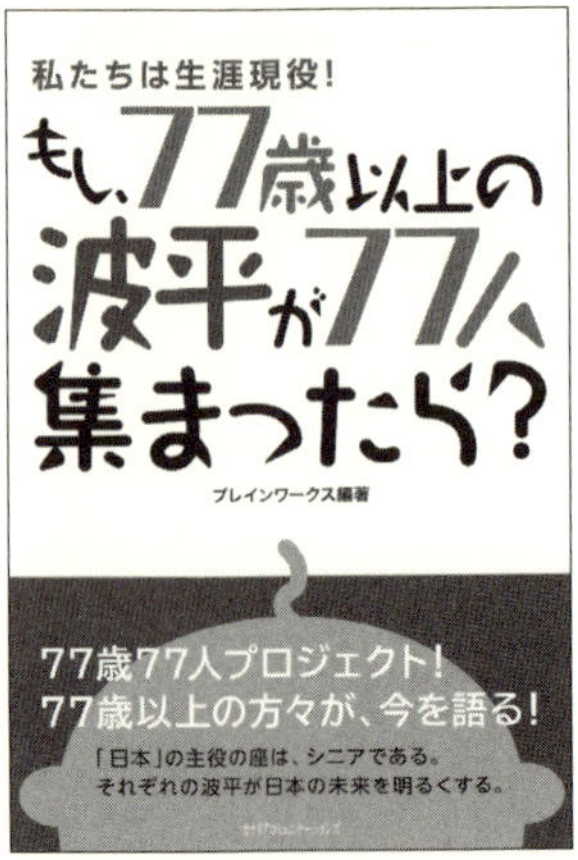


2017 年 2 月 8 日発刊
価格 1300 円(税別)
ISBN978-4-7782-0377-1

もし、77 歳以上の波平が 77 人集まったら ?~ 私たちは、生涯現役 ! ~
ブレインワークス　編著

私たちは、生涯現役 !

シニアが元気になれば、日本はもっと元気になる !


現役で、事業、起業、ボランティア、NPO など各業界で活躍されている
77 歳以上の現役シニアをご紹介 !「日本」の主役の座は、シニアです !
77 人のそれぞれの波平が日本の未来を明るくします。
シニアの活動から、日本の今と未来が見える !

---

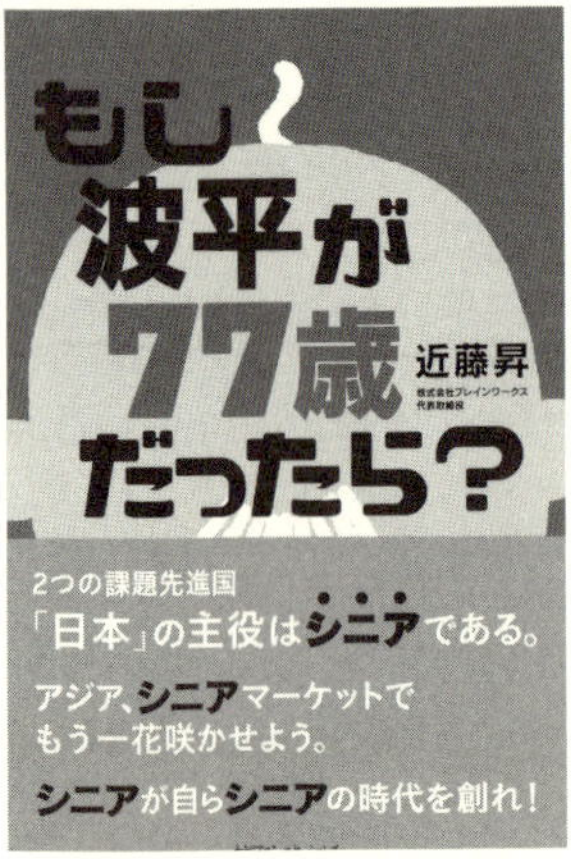


2015 年 12 月 20 日発刊
価格 1400 円(税別)
ISBN978-4-7782-0318-4

もし波平が 77 歳だったら ?
近藤　昇　著

人間は知らないうちに固定概念や思い込みの中で生き、自ら心の中で定年を迎えているということがある。

オリンピックでがんばる選手たちから元気をもらえるように、同世代の活躍を知るだけでシニア世代は元気になる。

一人でも多くのシニアに新たな希望を与える一冊。